하루 한 봉지씩 뜯어 보는 독서 라면

6월 민주항쟁을 묻는 십대에게

하루 한 봉지씩 뜯어 보는 독서 라면
6월 민주항쟁을 묻는 십대에게

세상을묻는십대

초판 1쇄 발행 2022년 5월 27일
초판 2쇄 발행 2023년 7월 20일

글쓴이	오승현
그린이	이시누
펴낸이	이영선
책임편집	김영아

편집	이일규 김선정 김문정 김종훈 이민재 김영아 이현정 차소영
디자인	김회량 위수연
독자본부	김일신 정혜영 김연수 김민수 박정래 손미경 김동욱

펴낸곳 서해문집 | 출판등록 1989년 3월 16일(제406-2005-000047호)
주소 경기도 파주시 광인사길 217(파주출판도시)
전화 (031)955-7470 | 팩스 (031)955-7469
홈페이지 www.booksea.co.kr | 이메일 shmj21@hanmail.net

ISBN 979-11-92085-25-8 43910

하루 한 봉지씩 들어 보는 독서 라면

6월 민주항쟁을 묻는 십대에게

오승현 글
이시누 그림

서해문집

글 작가의 말

우리가 어디에(현재) 서 있는지 알아야 어디로(미래) 갈지 알 수 있다. 그러려면 우리가 어디에서(과거) 왔는지부터 알아야 한다. 우리가 누리는 자유는 거저 주어진 게 아니라 싸워서 얻어 낸 것이다. 자유의 뿌리를 더듬다 보면 1987년 6월 민주항쟁을 만나게 된다. 물론 더 멀리 80년 광주, 60년 4·19까지 이어진다. 거대한 벽에 돌진하는 새들처럼 맨몸으로 싸운 사람들이 있었다. 그들이 독재의 성벽에 균열을 냈고, 그 틈이 결국 민주주의로 가는 문이 됐다.

최고의 라면에 도전하라!
현대사를 공부하는 가장 맛있는 방법!
역사를 보는 새로운 시각!

"이제는 지식도 끓여 먹는다."
"역사 공부는 사실 라면 끓이는 것과 같아.
끓이는 사람에 따라 라면 맛이 달라지듯,
역사도 사람에 따라 다르게 다가오지."
"어른들이 끓이지 못한 독서 라면,
지금부터 우리가 끓일게요!"

프롤로그
#허기를 느끼다
보통 사람의 역사 • 15

#냄비에 물 붓고 불 켜기
짐승의 시간, 폭압의 시대

#끓는 물에 면과 분말수프 넣기
시대를 밝힌 민주화 운동

#펄펄 끓이기
자유! 타는 목마름으로 외치다

#끓인 라면으로 차린 미완성 식탁
끝나지 않은 역사

프롤로그
**#허기를 느끼다
보통 사람의 역사**

보통 사람의
역사

책 속에는 왕의 이름들만 나오지.

하지만 왕들이 손수 돌덩이를 운반했을까?

바빌론은 몇 번이나 파괴됐었지.

그때마다 그 도시를 누가 재건했더라?

역사의 페이지마다 승리가 나오지.

하지만 승리 축하 잔치는 누가 차렸을까?

－베르톨트 브레히트, 〈책 읽는 노동자의 의문〉*

＊　　베르톨트 브레히트 지음, 김광규 옮김, 《살아남은 자의 슬픔》, 한마당, 1990.

우리는 제6공화국에서 살고 있다. 공화정은 왕이 중심인 왕정과 대비를 이룬다. 공화정의 주인은 시민이다. 공화정의 주인인 수많은 시민을 하나로 묶는 것은 무엇일까? 헌법이다. 1987년 제정된 6공화국 헌법은 지금까지 35년 넘게 유지되고 있다. 그런 의미에서 우리는 '87년 체제'에서 산다고 말할 수 있다. 헌법을 고치는 개헌 논의가 계속 있었지만 개헌이 이루어지진 못했다. 개헌 전까지는 좋든 싫든 우리는 87년 체제 안에서 살아간다고 할 수 있다.

87년 체제는 1987년에 일어난 6월 민주항쟁의 결실이다. 87년 체제는 누구의 손으로 만들어졌을까? 6월 민주항쟁을 다룬 영화 〈1987〉의 원래 제목은 '보통 사람들'이었다. 87년 체제는 보통 사람의 손으로 만들어졌다. 먼저 깨달은 사람이든 나중에 깨달은 사람이든, 자기 시대가 망가진 민주주의 시대라는 것을 깨친 보통 사람이 바꾼 역사였다. 처음부터 자기 목숨을 던진 이도 있었고, 역사의 소용돌이에 휩쓸려 목숨을 잃은 이도 있었다. 그 모든 희생이 쌓이고 쌓여 지금 우리가 발 딛고 사는 이 시대를 만들었다.

그러나 독재 정부는 그들을 좌경, 용경, 불순 세력으로 매도했다. 학생 시위나 노동자 시위는 불온 세력의 사회 혼란, 사회 전복 기도로 매도되기 일쑤였다. 사실은 독재 정권을 비판하고 민주주의를 요구한 것이었다. 그들은 그저 사람이 사람답게 사는 세상을 꿈꿨을 뿐이다. 그러려면 독재의 장막을 찢고 장벽을 무너뜨려야 했다. 그래서 대학 교정을 뛰쳐나와 외치고 싸웠던 것이다.

지금도 거리에서 머리띠를 두르고 악다구니하듯 소리치고 몸부림치는 사람이 있다. 공장 노동자, 학교급식 조리원, 차별에 분노하는 비정규직 노동자(기간제 교사, 청소 용역 노동자, 대형마트 계약직 노동자 등), 이동권 보장을 요구하는 장애인, 재개발로 생활 터전을 잃은 사람…. 우리는 나와 상관없는 일처럼 여기곤 한다. 힐끗 보고 지나치거나 사정도 모른 채 인상을 찌푸리기도 한다. 자기와 상관없다고 여기는 사람에게는 소란이고 생떼에 불과하다.

"왜 그렇게 시끄럽게 구나?", "분노와 흥분을 좀 가라앉힐 수 없나?", "더 차분하고 합리적으로 주장할 수 있지 않나?" 등의 물음은 그래서 나온다. 더 나아가 분노하는 이들이 정치적 목적을 가지고 있다거나 불순한 집단이라고 몰아가고, 심지어 욕한다. 분노하는 이들에 대한 분노다. 그들에 대한 분노는 비윤리적이지 않을까? 왜냐하면 많이 가진 자가 더 갖지 못해서 분노하는 게 아니기 때문이다. 또한 남에게 해를 끼치며 분노하는 것도 아니기 때문이다. 그들은 분노할 수밖에 없어서 분노한다. 거리로 나선 이들에겐 절박한 사정과 이유가 있다.

인권이 신장되고 민주주의가 확대되는 진보는 어떻게 가능했을까? 사회가 저절로 진보하는 법은 없다. 모든 것은 끊임없이 요구하고 싸워서 쟁취한 것이다. 끈질긴 요구와 싸움 덕분에 사회는 조금씩 앞으로 나아갈 수 있다. 그런 요구와 싸움은 당대에는 소란과 생떼로 취급받기 일쑤다. 우리가 거리에서 목소리를 높이는 이들을 그렇게 보듯이 말이다. 그러나 애초에 민주주의는 시장판처럼 소란스러운 것이 아닐까? 시인 박노해는 〈민주주의는 시끄러운 것〉이라는 시*에서 민주주의를 다음과 같이 묘사했다.

조용한 숲은 불타 버린 숲이다

조용한 강은 댐에 갇혀 썩어가는 강이다

하나의 꽃만 질서정연한 대지는 인공의 대지다

민주사회는 늘 시끄럽고 부딪치고 소란스러운 것

그것이 지속 가능한 최고의 효율인 것

~~~~~~~~~~~~~~~~~~~~~~~~~~~~~

*   박노해, 《그러니 그대 사라지지 말아라》, 느린걸음, 2010.

#냄비에 물 붓고 불 켜기
짐승의 시간,
폭압의 시대

'탁' 치니 '억' 하고

박종철 고문치사

1987년 1월 13일 자정 무렵 서울대학교 언어학과 3학년이던 박종철이 하숙집에서 연행됐다. 경찰은 박종철의 선배인 박종운을 잡기 위해 박종철을 연행했다. 연행된 박종철은 눈을 가린 채 어딘가로 끌려갔다. 박종철이 도착한 곳은 서울시 남영동에 위치한 치안본부 대공수사단 건물이었다. 그곳에서 박종철은 열 시간 동안 물고문과 전기 고문을 받은 끝에 숨을 거뒀다.

《중앙일보》가 이 사건을 최초로 보도했다. 고문에 대한 언급은 없었고 경찰 조사를 받던 대학생이 갑자기 숨졌다는 2단짜리 기사였다. 짧은 기사에 가장 먼저 반응한 곳은 민주화실천가족운동협의회(이하 '민가협')였다. 구속 노동자 가족, 구속 학생 가족, 재야 운동 구속자 가족 등이 만든 단체가 민가협이다. 민가협 회원들은 자신들이 겪었던 경험에 비춰 박종철의 죽음이 고문에 의한 것임을 직감했다. 민가협 회원 40여 명은 대공수사단 건물 앞에서 항의 시위를 벌였다. 시위를 시작하자마자 경찰이 16명을 연행했다.

"박종운 군의 소재를 묻던 중 책상을 '탁 치니 억 하고' 소리 지르며 쓰러져 중앙대학교 부속 병원으로 옮겼으나 12시경 사망했다." 경찰은 고문 도중 사망한 박종철의 사인을 그렇게 밝혔다. 강민창 치안본부장이 기자회견에서 한 말이었다. 어처구니없는 발표에 비난 여론이 들끓었다. '책상을 탁! 치니 억! 하고 죽었다'라는 발표는 몇 개월 뒤 엄청난 소용돌이를 만들어냈다. '탁 치니 억 하고'는 6월 민주항쟁의 도화선이 됐다.

물고문을 받던 박종철이 숨을 멈추자 경찰은 의사를 데려와 박종철을 살리려 했다. 의사는 사건 현장에 물이 흥건했다고 밝혔다. 물고문 사실을 더는 숨길 수 없게 되자 사망 5일 후인 1월 19일 정부는 고문 사실을 인정했다. 경찰은 서둘러 조한경 등 경관 둘이 박종철을 물고문 하여 죽였다고 발표했다. 경찰은 고문 경찰관들을 검찰로 인계할 때 놀라운 동료애를 발휘했다. 똑같은 옷을 입은 경찰관 여러 명이 함께 움직여 누가 범인인지 알 수 없게 했다.

경찰이 시민을 죽였다. 그것도 고문으로 말이다. 민심이 들끓었다. 상황이 심상치 않게 돌아가자 검찰은 고문 경찰관 두 명을 구속했고, 전두환은 유감을 표명했다. 치안본부장과 내무부 장관을 해임하며 민심을 달래려 했다. 그런데 사건 수습을 위해 새로 임명된 내무부 장관 정호용이 '사람이 사람을 어떻게 때리느냐?'고 말해 두고두고 뒷말을 낳았다. 왜냐하면 정호용은 1980년 광주에서 학살이 벌어질 당시 특전사령관이었기 때문이다. 광주에서 수많은 시민을 학살하는 데 앞장섰던 사람이 할 말은 아니었다.

인권이 짓밟힌 시대

남영동 치안본부 대공수사단 건물, 일명 대공분실은 원래 간첩을 수사하기 위해 만들어진 곳이었다. 일반 시민이 알아보지 못하도록 '○○ 해양연구소'라는 간판으로 위장했다. 건물 밖에서 보면 고문실이 위치한 5층은 다른 층과 다르다. 건물 밖에서 보면 아주 좁은 창이 나 있다. 고문받는 이들이 뛰어내릴 수 없도록 설계한 것이다. 이곳에 붙잡혀온 사람들은 박종철처럼 눈을 가린 채 끌려와서 어디에 왔는지 전혀 알 수 없었다. 고문실로 올라가는 계단은 나선형으로 돼 있어서 몇 층으로 올라가는지도 알 수 없었다.

5층에는 고문실이 즐비하다. 작은 조사실에는 욕조가 있다. 물고문을 위해 설치한 시설이었다. 고문실은 복도에서 고문실 내부를 감시할 수 있지만 내부에서는 복도 쪽을 볼 수 없었다. 왜냐하면 문에 설치된 방범 렌즈가 일반 주택의 그것과 정반대로 설치돼 있었기 때문이다. 전등 스위치도 방 밖에 설치돼 있었다. 전등을 끄고 싶어도 끌 수 없었다. 잠을 안 재우기 위한 설계였다. 모든 것이 뒤집힌 채 설계된 그곳은 상식과 인권이 뒤집힌 1980년대를 상징적으로 웅변한다.

 "이곳은 독가스 대신 전기 고문과 물고문이 설치는 나치 수
용소였다. 시간이 종국적으로 멈춰버린 영원한 저주의 세계였
다." 김근태 민주화운동청년연합(이하 '민청련')의 초대 의장이
한 말이다. 1983년 결성된 민청련은 1980년대 민주화 운동 전
반에 충격과 새로운 활기를 불어넣은 단체였다. 1984년 9월 4
일 김근태는 남영동 대공분실로 끌려갔다. 물고문과 전기 고
문을 받으면서 공산주의자라는 자백을 강요당했다. 거듭된 고
문 끝에 소설처럼 쓰인 혐의 사실을 시인했다. 이를 토대로 김
근태를 '간첩'으로 몰았다. 간첩을 밝혀내기 위해 만든 곳이 실
제로는 간첩과 전혀 상관없는 이들을 잡아다가 취조하고 고문
해서 간첩으로 만들었다.

 대공분실은 독재 정부에 비판적인 민주 세력을 탄압하는
데 이용됐다. 독재 정부에 맞서 민주화 운동을 하던 사람들이
잡혀와 온갖 고초를 겪어야 했다. 1980년 기자협회 집단 구속,
김대중 내란 음모 조작 사건, 1982년 김제 가족 간첩단 조작
사건, 1985년 민청련·민추위(민주화추진위원회) 사건, 1986년

보도 지침 폭로 등과 관련된 학생과 재야 운동가, 일반 시민이 대공분실에서 고문을 받았다. 공식 기록으로 알려진 피해자만 400여 명에 달한다. 일부는 고문 후유증으로 목숨을 잃었다.

1986년 6월에는 경기도 부천경찰서에서 성고문 사건이 발생했다. 1985년 봄, 부천에 있는 공장에 위장 취업한 서울대학교 의류학과 4학년 권인숙은 주민등록증 위조 혐의로 부천경찰서에 연행됐다. 조사 과정에서 담당 형사 문귀동은 수갑을 채운 채 성고문을 저질렀다. 성고문을 당한 권인숙은 7월 3일 인천구치소에서 자신을 수사했던 문귀동을 성고문 혐의로 고발했다. 곧이어 인천 지역에서 민주화 운동 구속자 가족들이 "문귀동과 부천경찰서 관련자들을 처벌하라"라고 요구하며 농성을 벌였다. 이를 계기로 성고문 사건은 널리 알려지게 됐다.

사건의 실체가 명백한데도 검찰은 권인숙을 거짓말쟁이로 매도했다. 공산주의 사상에 물든 권인숙이 공산주의 혁명을 위해 '성적 수치심'까지 이용한다고 말이다. 전두환 정권의 손아귀에 잡혀 있던 신문과 방송 역시 운동권의 야비한 모략으로 몰아갔다. 성고문 경찰관 문귀동은 기소조차 되지 않고 경찰 신분을 유지했지만, 성고문을 당한 권인숙은 노동자로 위장 취업한 혐의로 실형을 선고받았다. 부천경찰서 성고문공동대책위원회의 말대로 "성을 도구화한 자들은 운동권이 아니라 군사 독재와 그 하수인"이었다.

1948년에 선포된 〈세계인권선언〉 제5조는 "어느 누구도 고문이나 잔인하고 비인도적인 모욕, 형벌을 받아서는 안 된다"라고 못 박고 있다. 그러나 1980년대 대한민국은 인권이 실종된 나라였다. 1986년 부천경찰서 성고문 사건, 1987년 박종철 고문치사 사건 등은 경찰, 검찰, 공안 당국의 이름으로 자행되는 국가 권력의 실체가 어떤 것인지 분명히 보여줬다. 1980년대는 정의롭지 못한 정부가 수단과 방법을 가리지 않고 사람을 고문하고 죽이던 시대였다.

6월 민주항쟁의 도화선

박종철 고문치사 사건은 그저 돌출한 사건이 아니었다. 박정희 정권부터 전두환 정권까지 학생 운동 탄압은 시종일관했고, 학생을 잡아다 자백을 강요하고 고문하는 것은 흔한 일이었다. 책상을 탁 치니 억 하며 죽었다는 말을 믿을 사람은 거의 없었다. 전두환 정권은 시민의 슬픔에 분노의 기름을 끼얹었었다. 오랫동안 억눌려 있던 민주화 운동에 불을 댕겼다. 잘못을 시인하고 사죄했다면 역사의 물줄기는 달라졌을까? 결국에는 민주화의 물결을 거스를 수 없었겠지만, 그게 1987년보다 더 늦어졌을지도 모른다.

1987년 5월 18일 나라가 다시 발칵 뒤집혔다. 명동성당에서 5·18 7주기 추도 미사를 끝내고 천주교정의구현사제단 소속 김승훈 신부가 박종철 고문치사 사건의 진상이 조작됐음을 폭로했다. 치안본부 5차장 박처원의 주도 아래 모두 다섯 명이 고문에 가담했다고 밝혔다. 황정웅 경위, 반금곤 경사, 이정호 경장도 고문에 가담했는데, 이들을 제외한 단 두 명만이 고문한 것으로 꾸며 총대를 멨다고 공개했다. 이들 두 명에게 거액의 돈이 주어진 사실도 새롭게 밝혀졌다. 또한 강민창 치안본부장이 사건 은폐와 범인 축소를 주도했으며 치안본부 전석린 경무관과 유정방 경정이 사건 조작에 가담했다는 사실도 폭로했다.

사흘 후 검찰은 고문 경찰관이 더 있다는 사실을 인정했다. 언론의 추적 보도와 시민의 분노에 밀려 검찰은 고문 경찰 황정웅, 반금곤, 이정호 세 명과 사건 은폐·조작에 처음부터 관여한 박처원 치안감 등 간부 세 명을 구속했다. 박처원은 당시 **공안 수사***의 대부로 통하던 인물이었다. 6월 민주항쟁 후에는 강민창 치안본부장도 구속했다. 그러나 그런 조치로 들끓는 분노를 잠재울 순 없었다. 전두환 정부는 벼랑 끝으로 내몰렸다.

《동아일보》는 김성기 법무부 장관과 서동권 검찰총장이 경찰이 범인을 축소·은폐한 사실을 알면서도 석 달 동안이나 이를 숨겼다고 보도했다. 많은 시민이 고문에도 분노했지만, 공권력이 사건을 숨기고 조작한 것에 치를 떨었다. 정부는 국무회의를 열어 내각 총사퇴를 결정했다. 전두환은 5월 26일 문책 개각을 단행하여 노신영 국무총리와 정권 실세인 장세동

---

*　학생 운동, 노동 운동 등을 대상으로 수사하는 것을 가리킨다. 예전에는 검찰에 아예 '공안부'라는 부서도 있었다. 공안부는 국가보안법 등을 악용해 수많은 간첩 조작에 직간접적으로 관여했다.

안기부장을 경질했다. 문책 개각이 이루어졌음에도 그동안 폭압적 권력에 짓눌려 침묵하던 분노가 봇물처럼 터져 나왔다. 이런 흐름은 이후 4·13 호헌 조치 반대 운동과 결합하면서 6월 민주항쟁으로 이어졌다.

언론에 재갈 물린 시대

어떻게 보도됐을까?

1987년 1월 15일 자《중앙일보》는 사회면 2단짜리 기사로 박종철의 죽음을 보도했다. 〈경찰에서 조사받던 대학생 쇼크사〉라는 제목으로 전날 치안본부 대공분실에서 사망한 박종철에 관한 뉴스를 특종 보도했다. '쇼크사'라는 제목에서 보듯이 처음부터 고문을 언급한 건 아니었다.《중앙일보》보도가 나가고 나서《동아일보》가 더 많은 사실을 취재해 크게 보도했다.《동아일보》는 최초 보도를《중앙일보》에 뺏겼지만 집요한 취재 끝에 박종철의 사망 원인이 물고문이었다는 사실과 사망 이후 벌어진 경찰의 조직적 은폐·조작 시도를 파헤쳤다.

1월 17일 《동아일보》에 "오전 11시 45분경 조사실에 도착했을 당시 박 군은 바지만 입은 채 웃옷이 벗겨져 있었던 것으로 기억되며 약간 비좁은 조사실 바닥에는 물기가 있었다"라는 의사의 증언이 보도됐다. 여전히 고문은 언급되지 않았지만, 이때부터 물고문에 의한 사망 가능성이 제기되기 시작했다. 《동아일보》는 시신에 피멍 자국이 있었다는 부검 관련 소식에 이어 쇼크사가 아닌 고문사를 암시하는 의사의 검안 소견서를 보도했다.

박종철 고문치사와 관련해서 《중앙일보》, 《동아일보》, 《경향신문》 등의 활약이 두드러졌다. 특히 사건 초기 《동아일보》 기자들의 활약은 단연 발군이었다. 《동아일보》는 특별 취재팀을 구성해 끈질기게 진실을 추적했다. 또한 사회면에 4단 이상으로 박종철 관련 기사를 쓰지 말라는 보도 지침을 어기고 관련 보도를 멈추지 않았다.

보도 지침

언론 자유라는 게 있다. 무엇을, 언제, 어떻게 보도할지 언론이
스스로 결정하는 자유다. 1980년대는 사실상 언론의 자유가
없었다. 전두환 정부는 언론사에 날마다 '보도 지침'을 내려 보
냈다. 문화공보부 홍보정책실에서 보도를 통제하기 위한 세세
한 지침을 만들어서 각 언론사에 보내 신문 방송의 편집권을
침해했고, 외국 신문이나 잡지도 검열했다.

정부는 보도 지침을 통해 정부에 유리한 치적이나 행사 등
은 크게 널리 보도하고, 정부에 불리한 내용이나 사건 등은 보

파송송
**보도 지침은
어떻게
알려졌을까?**

1986년 9월 월간지 《말》이 1985년 10월부터 1986년 8
월까지 문화공보부가 각 언론사에 시달한 보도 지침 584
건을 폭로하면서 보도 지침은 세상에 알려졌다. 보도할 것
과 보도하지 말 것, 크게 보도할 것과 작게 보도할 것을 일일이
구분해줬다. 주요 사건은 기사 제목까지 정해주었다. 보도 지침은 특정 사건에 대
한 보도 여부부터 기사의 방향, 제목, 내용, 크기, 사진 선정까지 모든 것에 간섭했다.

도하지 말거나 축소 보도하도록 세세하게 통제했다. 보도 지침을 지시 유형별로 분류하면, 보도 불가가 46.1퍼센트, 정권 홍보 보도가 24.5퍼센트, 축소 보도가 16.1퍼센트, 용어 사용 불가가 6.9퍼센트였다. 지시 내용별로 분석하면, 민주화 운동과 관련된 것이 24.6퍼센트, 대외 관계가 18.5퍼센트, 정부에 대한 칭찬 보도가 13.8퍼센트였다.

예를 들어 부천경찰서 성고문 사건을 보자. 사건 결과를 발표했던 7월 17일 보도 지침은 사회면에 기사를 싣되, 기사 내용을 철저히 제한했다. 먼저 사건 명칭을 '성추행'으로 하지 말고 '성 모욕 행위'로 하라고 했다. 또 기자들의 독자적 취재 내용은 싣지 말고 검찰이 발표한 내용만 보도할 것을 지시했다. 덧붙여 검찰 발표 내용은 발표 전문을 그대로 싣고, 피해자의 고소장이나 여성 단체의 성명 등은 아예 다루지 말도록 제한했다.

특히 정부는 민주화 운동 세력을 사회로부터 고립시키려고 부정적 이미지를 덧씌우는 보도를 부추겼다. 예를 들어 "신민당 광주 개헌 집회에서 시위 군중들이 '축 직할시 승격' 아치를 불태우는 장면 사진을 꼭 실을 것", "과격한 인천 시위는 신민당이 유발했다고 다룰 것", "전국 대학 학생회 사무실을 수색한 결과, '화염병과 총기 등이 나왔다'는 것을 꼭 제목으로 뽑을 것", "전방 입소 거부 서울대생 데모 때 분신 사망한 김세진·이재호 사건 보도에는 '신성한 병역 의무인 입소를 거부하려 한다'고 기사 도입부에 꼭 넣을 것", "오늘 학생 시위 중 외대 학생회장 중상인데 제목은 '학생 폭력성' 부각할 것" 이런 식이었다.

야당인 신민당의 폭력성을 부각하고 학생 운동의 폭력성을 부각하기 위해서 집요하게 노력했던 것이다. 이런 보도가 쌓이고 쌓여서 독재에 맞선 학생들은 '과격한 폭력 집단', '친북 좌익 세력'으로 굳어져갔다.

민주주의와 언론의 역할

"앞으로 우리나라의 정치 발전을 위해 우선 필요한 것이 무엇이라고 생각하는가?" 1987년 2월 18일자 《한국일보》에 실린 설문 조사 결과는 응답자의 25.4퍼센트가 언론 자유를 뽑았다. 인권 보장은 15.6퍼센트, 사회 정의 실현은 11.9퍼센트였다. 정치 발전에 필수적이라고 으레 생각되는 삼권 분립(7.9퍼센트), 정치의식 함양(7.8퍼센트), 정당 정치 실현(7.2퍼센트) 등은 응답 비율이 낮았다. 설문 조사에는 언론에 대한 강한 불신, 언론 통제에 대한 불만 등이 담겨 있었다.

1980년대 내내 권력은 토씨 하나까지 언론을 통제했고, 언론 역시 권력의 첨삭을 묵묵히 받아들였다. 그야말로 빈틈없는 지시와 충실한 이행이었다. 부천경찰서 성고문 사건을 폭로했을 때 《조선일보》, 《동아일보》, 《중앙일보》 등은 한목소리

계란탁

땡전 뉴스를 아십니까?

5공 시절 유행한 말 중 하나가 '땡전 뉴스'였다. 9시를 알리는 종이 '땡' 하고 치면 9시 뉴스 아나운서가 나와서 "안녕하십니까? 오늘 전두환 대통령 각하께서는…"으로 시작하는 대통령의 당일 동정을 상세히 전했다. 대통령 동정이 언제나 첫 뉴스였다. 다른 중요한 뉴스가 있어도 언제나 대통령의 일과가 먼저 보도됐다. 그래서 생겨난 말이 '땡전(두환) 뉴스'였다. 권력의 시녀가 된 언론을 상징적으로 보여주는 말이다.

로 독재 권력의 편에 서서 운동권을 비난했다. 하나같이 '운동권이 성 문제까지 이용한다'고 목소리를 높였다. 과격한 운동권 사람들이 "폭력 혁명을 위해 성(性)까지 투쟁의 도구"로 삼는다는 비난이었다.

《말》의 폭로가 있기 전까지 대부분의 언론사가 보도 지침을 철저히 따랐다. 그 결과 있는 것이 없는 것이 되고 없는 것이 있는 것이 됐다. 또한 작은 것이 큰 것이 되고 큰 것이 작은 것이 됐다. 민주주의가 빛을 잃은 독재의 밤일수록 언론의 역할이 크지만, 1980년대 대부분의 언론은 보도 지침을 따르는 정권의 나팔수였다. 언론이 권력의 편에 서서 있던 일을 없던 일로 만들고 참을 거짓으로 왜곡할 때 민주주의는 꽃피기 어렵다. 1987년 6월 전까지 언론사들은 보도 지침에 따라 충실히 보도했다.

박종철 고문치사 사건이 터졌을 때도 마찬가지였다.《중앙일보》의 첫 보도 이후에도 대부분의 언론이 권력의 눈치를 살피느라 보도에 소극적이었다. 신문은 3단 이하, 방송은 영상없는 단신으로 처리하라는 보도 지침이 내려왔다. 지침대로

1월 16일 《조선일보》, 《한국일보》 등은 조간신문에서 3단 크기로 보도했다. MBC는 간추린 뉴스를 전할 때 40초로 짧게 해당 소식을 보도했고, KBS는 보도조차 하지 않았다. 사건 발생 4개월이 지나서 천주교정의구현사제단이 박종철 고문치사 사건이 조작됐다며 다른 공범들의 이름을 낱낱이 밝혔을 때도 대부분의 언론이 아주 짧게 다루거나 아예 보도하지 않았다.

언론은 권력이 손쓸 수 없을 정도로 전세가 뒤집히기 전까지 납작 엎드려 기다렸다. 특히 방송은 고문 경찰관들이 사법 처리될 때까지 침묵하거나 단신으로 보도했다. 그조차도 정부

꽉두기
김주열 열사

아이러니하게 1960년에 벌어진 4·19 혁명 때도 최루탄으로 인한 사망이 전국적인 민주화 운동의 도화선이 됐다. 김주열은 마산상업고등학교 학생으로 당시 나이가 17세에 불과했다. 김주열은 눈에 최루탄이 박힌 채 마산 앞바다에서 4월 11일 발견됐다. 이를 본 시민은 분노했고 이후 시위가 전국으로 확산돼 4·19 혁명으로 이어졌다. 공교로운 역사의 반복이다.

발표만을 앵무새처럼 되풀이했다. 정부는 고문치사 조작을 시인하고 권력 핵심을 교체하는 개각을 단행했다. 곧이어 6월 9일 이한열이 최루탄에 맞아 사망하고 6월 민주항쟁의 들불이 전국으로 번지자 언론은 시민의 편에 서기 시작했다. 독재 정권이 코너에 몰리자 그제야 정부를 비판했던 것이다.

피로 물든 광주

허무하게 끝난 서울의 봄

1979년 10월 26일 박정희가 자기 심복이라고 믿었던 중앙정보부장 김재규에 의해 피살됐다. 많은 시민이 독재 정치가 끝나고 민주주의가 꽃피길 바랐다. 이 시기를 '서울의 봄'이라고한다. 그러나 시민의 바람은 군인 세력에 의해 무참히 짓밟혔다. 박정희가 죽고 혼란스러운 정국에서 '12·12 군사 반란'이일어났다. 전두환을 중심으로 한 **신군부**[*] 세력은 박정희 피살두 달 만인 1979년 12월 12일 군 내부에서 반란을 일으켜 군권을 장악했다.

　시민 사회의 반발은 거의 없었다. 신군부가 권력 장악을 위한 작업을 착착 진행하는데도, 김대중과 김영삼은 군부가 민주화 물결을 거스르지 않을 거라고 낙관했다. 학생들의 시위를 말리기까지 했다. 군부가 사회 질서 유지를 내세워 군대를 움직일 수 있다는 우려 때문이었다. 정치권이 안일한 상황 인식에 빠져 있는 동안 집권을 위한 신군부의 작업은 착착 진행됐다. 신군부의 정권 장악 움직임이 가시화되자, 시민 사회는 민주화가 위협받는 현실에 주목하기 시작했다.

　서울의 봄 시기에 가장 열심히 뛰어다닌 이들은 학생이었다. 1980년 3월 새 학기가 시작되자 대학가에 학생회 부활, 어용 교수 퇴진 등 학내 자율화 투쟁이 활발히 벌어졌고, 4월이 되자 '병영 집체 훈련 거부 투쟁'으로 번졌다. 그리고 5월에 접어들면서 학생 운동은 학내 자율화 투쟁에서 정치 민주화 운

---

* 　　새롭게 등장한 군부 세력이라는 뜻이다. 유신 체제(박정희 집권기)의 군부와 구별하여 12·12 군사 반란을 일으킨 세력을 신군부라고 한다.

동으로 전환됐고, 대규모 가두시위로 발전했다. 이에 정부는 5월 7일 시위 진압을 위한 군대의 동원을 미국에 통지했고, 다음 날 미국 국무부는 "한국 정부의 법질서 유지를 위한 비상 계획에 반대하지 않겠다"라고 회신했다.

1980년 5월 초순부터 학생들의 민주화 요구 시위가 불붙기 시작했다. 1980년 5월 13~15일 전국에서 '비상계엄 해제', '유신 잔당 타도', '언론 자유 보장' 등을 외치는 대학생의 대규모 시위가 벌어졌다. 5월 14~15일은 서울역 광장에서 대규모 시위가 열렸다. 15일 '계엄 철폐', '유신 철폐'를 외치는 대학생 10만 명이 모였다. 서울역 광장은 학생의 물결로 넘실거렸다. 전두환 신군부는 '북한 남침 계획설'을 퍼뜨리며, 북한이 학생 시위를 조종한다고 발표했다. 뒤이어 강경 진압을 시사했다.

안타깝게도 학생들은 시민의 지지를 얻지 못했다. 1980년 봄은 본대(시민 호응) 없이 선봉대(학생 운동)만 보람 없이 뛰어다닌 시기였다. 도시 중산층은 1960~1970년대 산업화 과정에서 경제 성장의 과실을 맛본 계층이었다. 이들은 신군부의 권력 장악도 못마땅했지만, 운동권의 극렬한 저항에 따른 사회 불안도 바라지 않았다. 또 급격한 사회 변화에 대한 두려움도 없지 않았다. 5월 16일 시민 호응을 얻지 못한 학생들은 가두시위를 중도에서 끝내기로 결정했다. 시민이 지지하지 않는다면 군과 맞서서 이길 수 없다는 판단에서였다.

신군부는 이때를 놓치지 않았다. 학생들의 자진 해산을 역습 기회로 삼았다. 학생들이 서울역에서 흩어지자 신군부는 그 틈을 이용해 권력을 장악해 나갔다. 신군부는 대규모 학생 시위를 구실로 정권 장악 계획을 본격적으로 실행했다. 5월 17일 계엄령을 전국으로 확대하고 대학 폐쇄, 언론의 사전 검열, 모든 정치 활동 금지, 직장 이탈 및 파업 불허 등의 조치를 취했다. 계엄군이 전국의 대학을 접수했고, 김대중을 비롯한 민주 인사를 체포했다. 이로써 짧았던 서울의 봄은 끝났다. 광주를 제외한 전국이 조용했다.

광주는 외딴섬이었다

"국내외적으로 계속되는 사회 혼란을 이용한 북한 공산 집단의 대남 적화 책동이 날로 격증되고 우리 사회 교란을 목적으

로 한 무장 간첩의 계속적인 침투가 예상되고 있습니다. 그들
은 우리 학원의 소요사태 등을 고무, 찬양, 선동함으로써 남침
의 결정적 시기 조성을 획책하고 있습니다." 신군부는 이렇게
북한의 남침 위협을 내세우며 계엄령을 전국으로 확대했다.
계엄이 확대되자 서울을 비롯해서 전국 각지의 시위가 수그러
들었다. 거의 모든 지역이 신군부의 계엄 확대에 쥐 죽은 듯 조
용했지만, 광주 일대는 예외였다. 광주시민은 5·17 쿠데타에
맞섰다. 계엄령이 발동된 다음 날인 1980년 5월 18일 광주 전
남대학교에도 휴교령이 내려졌다. 이에 반발한 학생들이 학교
정문에서 계엄군 공수부대와 충돌했다. 시위대뿐만 아니라 일
반 시민도 계엄군의 곤봉 세례와 마구잡이 연행을 피할 수 없
었다.

5월 18일부터 시작된 공수부대의 시위 진압은 어마어마한
살육 경쟁이었다. 급기야 계엄군은 시민을 향해 총까지 쐈다.
계엄군의 잔인한 만행이 5·18의 도화선이었다. 5·18의 원인
은 복합적이었다. 신군부의 5·17 계엄 확대, 계엄군의 과잉 진
압 그리고 호남 출신 정치인 김대중의 구속(신군부의 주된 논리)
이 맞물려 시민의 거센 저항을 불러일으켰다. 여러 원인 중에

서 계엄군의 과잉 진압이 결정적이었다. 잔인한 진압 과정은 시민의 분노를 유발해 야당과 신군부, 나아가 운동권조차 예상하지 못한 거센 저항을 불렀다.

광주시민은 신군부의 정치적 야욕을 위해 동원된 군대에 전면전으로 맞섰다. 자기 생명과 공동체를 지키기 위해 총을 들었다. 통신과 언론이 차단된 광주에서 스스로 통신과 언론이 됐고, 외국 기자를 상대로 기자 회견을 열기도 했다. 부상자 치료에 필요한 피가 모자라자 헌혈을 하려는 줄이 길게 이어졌다. 제대로 된 지도부도 없이 시민은 분노와 두려움 그리고 저항 의지만으로 항쟁을 이어갔다.

피송송

폭동과 항쟁은 어떻게 다른가?

폭동과 항쟁 모두 국가 기구에 맞선다는 점에서는 비슷하다. 그러나 둘은 엄연히 다르다. 폭동은 집단적 폭력 행위를 일으켜 사회 질서를 어지럽힐 뿐 공동체를 지향하지 않는다. 반면에 항쟁은 국가 폭력에 맞서면서 폭력적 국가를 넘어선 '참된 공동체'를 추구한다. 국가 폭력에 무력으로 저항한 광주 시민이 자유와 민주의 공동체를 지향했다는 점에서 5·18은 폭동이 아니라 항쟁이었다.

신군부 세력은 예상 밖의 저항에 직면하자 광주를 대상으로 대대적인 소탕 작전을 감행했다. 먼저 계엄군은 광주를 완전히 봉쇄했다. 미국의 협조 내지 방조 속에서 신군부는 항쟁을 유혈 진압했고, 5·18은 비극적으로 끝이 났다. 그 과정에서 학살의 명분이 필요했던 신군부는 시민 항쟁을 제멋대로 왜곡했다. 시민 항쟁은 어느새 깡패의 폭동, 용공 세력(쉽게 말해 공산주의자)의 사주를 받은 소요로 둔갑했다. 독재 세력이 늘 전가의 보도처럼 휘두르던 이데올로기적 공세가 또다시 반복됐다.

5·18은 처음부터 '기억의 투쟁'이었다. 광주를 봉쇄한 신군부는 언론을 통제했다. 그래서 민주화를 부르짖다 쓰러져간 이들이 폭도로, 나중에는 간첩으로 매도된 채 진실은 덮였다. 1980년대 반독재 민주화 운동은 '5월 광주'를 기억하려는 세력과 그 기억을 지우려는 세력이 벌이는 기억의 싸움이었다. 민주화가 되면서 5·18의 기억을 지우려는 군부 세력은 완전히 패했지만, 싸움은 여전히 끝나지 않았다. 아직도 5·18을 왜곡하는 이들이 있기 때문이다.

죽었지만 영원히 살아남은 사람들

광주만이 유일하게 신군부에 저항했다. 광주시민은 계엄군에 굴복하지 않고 학살에 맞섰다. 비록 계엄군과 비교해 화력은 상대가 안 됐지만, 소총 등으로 무장하고 격렬하게 저항했다. 그러나 소총이 탱크를 이길 수는 없다. 수많은 사상자를 낸 채 진압된 5·18의 실상은 다른 지역에 제대로 알려지지 못했다. 5·17 쿠데타나 5·18에 대한 정보는 언론에 보도된 신군부의 공식 발표가 전부였다. 일부 언론인이 5·18의 진실을 보도하려고 하자 신군부는 바로 언론인 여덟 명을 구속했다. 악성 유언비어 유포 혐의였다.

군인이 국민에게 총구를 겨눠 수많은 희생자가 발생했다. 그러나 광주는 완벽히 고립됐고 사실은 철저히 은폐됐다. 그래서 5·18은 민주화 운동의 전국적 연대를 이루지 못했다. 다른 지역과 연대하지 못하고 고립된 탓에 광주는 처참히 패했다. 광주 학살은 신군부에 맞서서 시민 사회 전체가 짊어져야 할 짐을 한 지역이 떠맡으며 발생한 비극이었다. 모두가 힘을 합쳐 신군부에 맞섰다면 광주 학살은 일어나지 않았을지도 모른다.

6월 20일 신군부 세력은 광주 진압 작전, 일명 '충정 작전'
의 유공자 66명에게 훈장과 포상을 수여했다. 승리 축하연이
었다. 그러나 승리에 취한 그들은 그것이 잠깐의 승리라는 것
을 깨닫지 못했다. 1980년 광주에서 죽어간 사람, 마지막까지
계엄군에 맞섰던 도청의 영령은 산 자의 기억 속에서 영원히
살아남았다. 산 자는 죽은 이의 부름에 응답이라도 하듯이 민
주화에 헌신했다. 그렇게 5·18은 반독재 민주화 운동의 중심
에서 꺼지지 않는 빛이 됐다. 5·18은 1980년대 내내 전두환
정권의 발목을 잡았다.

1980년대 반독재 민주화 운동에 앞장선 사람들은 1980년
광주와 함께하지 못한 것에 미안함과 부끄러움을 느꼈다. 살
아남은 자의 부끄러움은 독재 권력에 대한 증오심으로 승화했
다. 증오심은 마음에서 끝나지 않고, 꺼지지 않는 투쟁의 땔감
이 됐다. 5·18은 반독재 투쟁에 앞장선 이들에게 꺼지지 않는
불이었다. 그들은 5·18을 떠올리며 저항의 정당성을 공유했
고 비타협적 투쟁성을 유지할 수 있었다. 정권 전복이 유일한

목표가 됐다. 6월 민주항쟁은 1980년에 좌절된 5·18의 부활이자 전국화였다.

군인이 다시 권력을 잡다

12·12 군사 반란

1979년 10월 26일 박정희가 죽자 정부는 제주도를 제외한 전국에 비상계엄령을 선포했다. 같은 날 오후 군 수뇌부는 '군의 정치 불관여'를 약속하는 결의문을 발표했다. 정승화 계엄사령관 역시 '군의 정치적 중립'을 강조했다. 이러한 분위기 속에서 최규하 대통령 권한 대행은 11월 10일 특별 담화문을 발표했다. 가능한 한 빠른 기간 내에 유신 헌법을 새 헌법으로 개정하겠다는 내용이었다. 민주화가 반가운 손님처럼 찾아올 것만

같았다. 사람들은 권위주의 체제가 조속히 끝을 맺고 민주 정부가 들어서기를 기대했다.

한편으로 부정적 기류도 감지됐다. 계엄사는 1979년 11월 24일 일어났던 '통일주체대의원대회에 의한 대통령 보궐 선거 저지를 위한 국민 대회' 관련자를 사회 혼란 세력으로 몰아 잡아들였다. 간접 선거로 대통령을 뽑는 것에 반대하는 집회를 열었다고 민간인 140여 명을 한 달이나 불법 구금하고 혹독한 고문을 가했다. 이 일은 전두환을 우두머리로 하는 군부 세력 일부가 권력을 차지하려는 야욕을 실행에 옮긴 최초의 사건이었다.

이윽고 1979년 12월 12일 군부 일부가 군사 반란을 일으켰다. 군사 반란의 주체는 신군부 세력이었다. 전두환 소장(2성 장군)이 이끄는 육사 11기와 군부 내 사조직인 '하나회'가 신군부의 주축을 이루었다. 신군부는 유신 체제를 끝내고 민주적 정치 질서로 이행하는 것에 동의하는 군 수뇌부에 불만을 품고, 계엄사령관이자 육군 참모총장이던 정승화 대장(4성 장군)을 전격적으로 체포한 뒤 군권을 장악했다. 12·12 군사 반란은 5·17 쿠데타의 전주곡이었다.

12·12 군사 반란은 민주화 전망을 어둡게 했다. 그러나 신군부의 군사 반란에 대한 국내외의 반발은 눈에 띄게 미약했다. 비상계엄으로 정치 참여가 엄격하게 제한된 탓에 시민 사회의 반발은 없었다. 대다수 시민이 실제로 무슨 일이 벌어지고 있는지 전혀 알지 못했다. 12·12 군사 반란의 실상에 대한 정보가 전무했다. 전두환이 수장이었던 합동수사본부(이하 '합수부')가 언론을 완전히 장악했기 때문에 합수부의 공식 발표 외에는 어떤 정보도 알려지지 않았다.

하나회란?

육사 졸업생 중 성적이 우수한 영남 출신을 선별하여 가입을 받은 사조직이었다. 육사라는 학연과 영남이라는 지연으로 똘똘 뭉친 군대 내 사조직은 전두환, 노태우 등 육사 11기가 주도했다. 지휘 체계를 중시하는 군대에서는 사조직을 허용하지 않지만, 하나회는 박정희의 비호 아래 성장했다. 5·17 쿠데타 이후 군과 정부 요직을 두루 차지했다. 군대 내 사조직인 하나회는 김영삼 정부 때 해체됐다.

군대 내 반란을 통해 군권을 장악했다면 쿠데타를 통해 권력을 장악할 수도 있는 것이다. 그러나 정치권은 사태의 심각성을 눈치채지 못했다. 정보가 취약하기는 마찬가지였다. 정치권은 12·12를 군 내부에서 소장파와 노장파 간에 벌어진 충돌 정도로 생각해 심각하게 받아들이지 않았다. 신군부의 군권 장악이 의미하는 바를 꿰뚫어 알아차리지 못한 정치권은 순진하게도 평화로운 정권 교체만을 기대했다. 신민당과 공화당은 당권 경쟁과 헌법 개정에 몰두했다. 당권 경쟁과 개헌에 몰두한 탓에 두 당은 신군부의 권력 장악 움직임에 둔감했다.

꼭두기

**왜 군사
반란일까?**

2성 장군이 4성 장군을 구속하는데도 대통령이나 국방부 장관의 재가가 전혀 없었다. 재가는 정승화 대장을 제압·구속하고 나서 사후에 받았다. 최규하 대통령은 재가를 거부하다가 신군부의 협박과 압력에 못 이겨 결국 재가하고 말았다. 1980년 4월 14일 보안사령관이던 전두환은 중앙정보부장을 겸직하면서 국가의 양대 정보기관을 꿰찼다. 이로써 전두환은 군과 민간 부문의 국내외 정보를 독점하게 됐다.

전두환, 권좌에 오르다

전두환은 1980년 5월 17일 쿠데타를 일으켰다. 신군부는 시국을 수습한다는 명목 아래 비상계엄을 전국으로 확대하면서 모든 정치 활동을 금지하고 국회 폐쇄 등의 조치를 내렸다. 이후 5·18이 발생했고 석 달간 공포 정치가 이어졌다. 운동권을 대대적으로 잡아들여 비판 세력의 싹을 잘랐다. 공포 정치로 사회가 조용해졌다고 판단한 전두환은 최규하 대통령을 강제로 사퇴시키고 유신 헌법을 거쳐 스스로 대통령이 됐다. 1980년 8월 27일이었다. 별 두 개를 단 군인이 뜬금없이 나타나 느닷없이 권좌를 접수했던 것이다.

전두환은 두 번 대통령에 당선됐다. 1980년 8월 27일 통일주체국민회의에서 참석 대의원 2525표 중 2524표(무효 1표)로 제11대 대통령이 됐다. 그리고 1981년 3월 3일 제5공화국 헌법에 따라 제12대 대통령에 취임했다. 1981년에 당선될 때는 제1야당으로 만들어진 민한당 당수 내정자 유치송을 대통령 후보로 나오게 하여 404표를 주고, 나머지 후보들에게도 일부 표를 조금씩 나눠주고, 전두환은 4755표를 차지했다. 체육관에서 선거인단이 뽑은 대통령, 이를 두고 '체육관 대통령'이라고 했다.

두 번 다 체육관에서 뽑힌 것은 비슷하지만, 선출 기구의 이름은 달랐다. 1980년에는 유신 헌법의 통일주체국민회의가, 1981년에는 개헌에 따라 대통령 선거인단이 뽑았다. 1972년부터 1986년까지 국민은 대통령을 직접 뽑지 못하고 체육관에 모인 '대통령 선거인단'이 대통령을 선출하는 모습을 지켜봐야 했다. 국민 대신 대통령 선거인단 수천 명이 대통령을 뽑는 선거 방식이었다. 이를 간접 선거 또는 간선제라고 한다.

전두환은 제11대 대통령에 취임한 후 헌법 개정에 착수했다. 8차 개헌이었다. 8차 개헌의 핵심은 7년 단임에, 역시 간선제였다. 12·12 군사 반란이라는 비정상적 방법으로 집권한 마당에 전두환이 그나마 내걸 명분은 단임제뿐이었다. 권력이 목적이라면 연임을 하지 단임제를 택하겠느냐는 것이었다. 실상은 이랬다. 12·12 군사 반란은 전두환 단독으로 벌인 일이 아니었다. 노태우를 비롯한 육사 11기 동기들이 함께 벌인 일이었다. 혼자만 최고 권력을 누리기 어려운 상황이었다. 유신 체제처럼 장기 집권을 하기도, 연임을 밀어붙이기도 쉽지 않았을 것이다. 그래서 생각해낸 꼼수가 4년 연임에 가까운 7년 단임이었다. 단임이긴 하지만 4년 연임의 8년에서 고작 1년이 빠진 7년이었다.

1980년 10월 22일 가결된 제5공화국 헌법이 10월 27일 공포됐다. 전두환 정권의 탄생이야 체육관 선거의 결과라 하더라도, 전두환 정권의 토대가 된 '제5공화국 헌법'은 국민 투표의 결과였다. 군사 독재를 연장하는 제5공화국 헌법은 무려 91.6퍼센트라는 압도적 찬성으로 통과됐다. 대부분의 국민이 군사 독재 시즌 2를 거스를 수 없는 대세로 판단했던 것으로 보인다.

대통령 선거인단에 의한 간선제, 7년 단임 대통령제를 채택한 제5공화국 헌법은 유신 헌법의 복제판이자 아류였다. 유신 헌법은 1972년 12월 공포된 제왕적 대통령제를 뒷받침하는 헌법이었다. 유신 체제 아래서는 대통령이 입법·사법·행정을 모두 휘어잡았으며, 이는 5공화국에서도 크게 다르지 않았다. 일례로 1981년 국회의원 선거가 치러지고 11대 국회가 들어

섰는데, 신군부가 지배하는 하나의 패권 정당과 여러 위성 정당이 국회를 장악했다. 군부 정권은 여당뿐만 아니라 야당의 창당에도 깊이 관여했기 때문이다.

전두환 정권은 박정희 시절의 중앙정보부에서 이름을 바꾼 국가안전기획부(이하 '안기부')를 통해 사법부도 통제했다. 안기부는 대통령령인 '정보 및 보안 업무 기획·조정 규정'에 근거해 안보 수사 조정권을 행사했다. 쉽게 말해, 시국 사건이나 공안 사건의 죄명과 기소 형량을 주문하고 압력을 행사했다. 안기부는 대법원을 통해 하급 법원에 시국 사건에 대한 안기부 방침을 전달해 선고 형량을 압박했다.

비판 세력을 탄압한 '정당성 없는 권력'

국가보위입법회의[*]는 박정희 시대에 이미 훼손된 인권 관계법, 노동 관계법(노동조합법 등 5개), 언론 기본법, 집회 및 시위에 관

---

[*]   신군부가 불법적으로 국회와 정당을 해산하고 만든 대체 입법 기관이다.

한 법 등을 개정해 누더기로 만들었다. 과거부터 국민의 자유를 심각히 침해하던 **국가보안법**[*] 등도 더욱 개악했다. 국가보안법 혐의자에게 적용되는 영장 없는 연행, 구금 일수 연장, 자백만으로도 증거 능력 인정 등 반헌법적 규정을 강화했다. 악법이 더 악랄한 악법이 된 것이다.

신군부는 사회 혼란 세력(신군부는 이렇게 주장했지만, 실은 독재 비판 세력)의 경우 헌법이 보장하는 자유와 기본권을 박탈해도 된다고 생각했다. 신체의 자유, 사상의 자유, 집회·시위의 자유, 언론·출판의 자유 등이 철저히 짓밟혔다. 신군부는 사회 혼란을 일으키는, 사회 내부의 적은 죽여도 된다는 인식 아래 비인간적 인권 유린과 불법적 체포·구금·고문 등을 저질렀다. 민주화를 요구하는 이들은 누구든지 사회 혼란 세력으로 낙인찍혀 제거 대상으로 간주됐다.

---

* 국가보안법은 국가의 안보와 사회 질서를 지키기 위해 만들어졌다. 그러나 실제로는 저항 세력을 탄압하는 도구로 이용돼왔다. 유엔 인권이사회는 1992년, 1999년, 2005년에 각각 국가보안법 폐지를 권고했다. 국가인권위원회도 2004년 국가보안법 폐지를 권고했고, 2006년부터 2020년까지 지속적으로 국가인권정책 기본계획에 국가보안법 폐지를 포함했다.

신군부는 민주화 세력을 제압하려고 '죽음보다 더한 고통'을 가했다. 죽음보다 더한 고통은 무엇이었을까? 끝없는 고문과 '빨갱이 연좌제'였다. 국가보안법을 전가의 보도처럼 휘두르며 정권에 비판적인 세력을 언제든 빨갱이로 둔갑시켰다. 용공 조작, 쉽게 말해 빨갱이 만들기가 판을 치던 시대였다. 증거가 없어도 자백만 받으면 법원이 유죄 판결을 내렸다. 한 사람을 간첩으로 만드는 일은 어렵지 않았다. 아무나 잡아다가 고문해서 자백만 받으면 됐기 때문이다. 누구든 간첩이 될 수 있었다.

전두환 정권은 안기부(정보기관), 치안본부 대공분실(경찰), 국군보안사령부(군) 등을 대상으로 '**용공*** 사건' 만들기 경쟁을 붙였다. 용공 조작 사건이 발표될 때마다 기관 포상, 수사관 특진과 포상 등을 아끼지 않았다. 전두환은 원래 군인만을 대상으로 해야 하는 국군보안사령부가 민간인을 수사하는 것조차 개의치 않았다. 이들 정보기관은 무림 사건, 학림 사건, 부

---

*   용공(容共)이란 공산주의 사상이나 공산주의자의 활동을 긍정적으로 용인하는 태도나 자세를 뜻한다.

림 사건, 전민노련 사건 등을 경쟁적으로 발표했다. 1980년대 (1980~1989)에 기관별 간첩 검거 현황은 안기부 135건, 경찰 67건, 보안사 64건, 군 38건이었다.

폭력적 체제 정비

닮은꼴 정부

철권통치(鐵拳統治)라는 말이 있다. 쇠주먹으로 다스린다는 뜻으로, 폭력으로 국민을 억눌러 다스리는 것을 비유적으로 이르는 말이다. 박정희 정부는 철권통치를 서슴지 않았다. 전두환 정부도 마찬가지였다. 아니, 전두환은 박정희의 철권통치를 능가하는 야만 행위를 서슴없이 저지르기도 했다. 전두환 정부는 역대 권위주의 정부를 능가하는 폭압으로 강력한 통치 체제의 기초를 닦아 세웠다.

박정희 정권	전두환 정권
1961년 5월 16일 쿠데타	1979년 12월 12일 군사 반란, 1980년 5월 17일 쿠데타
1961년 5월 19일 국가재건최고회의 발족	1980년 5월 31일 국가보위비상대책위원회 신설
1961년 5월 28일 부정 축재자 26명 구속	1980년 6월 10일 권력형 축재 일소 정화 작업
1961년 5월 23일 사이비 언론 기관 정비	1980년 11월 15일 언론 기관 통폐합
1961년 6월 10일 재건 국민운동(구악 일소-깡패 소탕)	1980년 8월 3일 사회 정화 운동(사회악 일소-폭력, 사기, 밀수, 공갈범 일제 소탕)
1962년 3월 16일 정치활동정화법	1980년 11월 12일 정치쇄신특별조치법

　　독재자를 보고 자란 독재자는 앞선 독재자를 답습했다. 전두환 정부는 박정희 정부와 매우 유사했다. 쿠데타 이후 거의 같은 전철을 밟으며 통치 체제를 다듬었다. 국가보위비상대책위원회(이하 '국보위')가 대표적이었다. 5·16 군사 정변 때도 군부가 만들었던 국가재건최고회의가 있었다. 국보위는 국가재건최고회의를 모델로 만든 기구였다. 전두환은 박정희의 길을 철저히 따랐지만, 박정희보다 더 잔인했다.

광주시민을 유혈 진압하며 쿠데타에 성공한 신군부가 가장 먼저 한 일은 민주화 세력을 고립시키는 것이었다. 12·12 군사 반란으로 정권을 장악한 신군부는 1980년 5월 27일 5·18을 총칼로 진압하고 바로 며칠 뒤인 5월 31일 전두환을 상임위원회 위원장으로 한 국보위를 만들었다. 신군부가 내세운 국보위의 목적은 '정의 사회 구현'이었다. 전두환은 국보위를 앞세워 '문제의 정치인', '문제의 재야인사', '문제의 대학생' 등을 체포 또는 가택 연금했다.

국보위의 전횡

먼저, 신군부는 국내 정치에 대한 통제력을 강화하기 위해 정당 해산, 의회 기능 정지, 정치인의 정치 활동 금지 등의 조치를 취했다. 참정권은 선거권과 피선거권을 포함한다. 즉 선거에서 누군가를 뽑을 수 있는 권리와 선거에 나가 당선될 수 있는 권리를 포함한다. 정치인의 참정권 박탈은 피선거권이 중요했다. 피선거권을 박탈해 정치적 경쟁자를 제거했던 것이다. 정적을 정치 영역에서 완전히 내쫓고 재진입을 철저히 막았다.

언론을 꼭두각시로 만든 신군부는 5·18이 벌어지고 있던 5월 22일에 '김대중 씨 수사 중간발표'를 통해 김대중 일당을 5·18의 배후 조종자로 밝혔다. 이후 계엄사는 1980년 7월 4일 이른바 '김대중 일당의 내란 음모 사건'을 발표했다. 김대중과 재야 민주화 운동가, 종교인, 교수, 문인, 언론인, 학생 세력 일부까지 엮어 '김대중 내란 음모 사건'을 조작해 37명을 구속 기소했다. 김대중, 문익환, 예춘호 등 재야와 학생 운동 핵심 인사를 내란 음모 혐의로 군법 회의에 넘겨 김대중에게는 사형을, 다른 사람들에게는 징역 10년 이상의 중형을 선고했다.

내란 음모 사건으로 구속된 김대중을 필두로 6~7월에는 '정치 정화'를 명분으로 김종필, 이후락, 김진만 등 유신 체제의 실세를 부정 축재자로 몰아 정치 일선에서 몰아냈다. 8월에는 김영삼 신민당 총재가 총재직을 사퇴하고 정계 은퇴를 발표했다. 서울의 봄을 거치며 정권 교체의 대안 세력으로 떠올랐던 김대중, 김영삼을 비롯한 주요 정치인을 정치 일선에서 강제로 끌어내린 것이다.

더불어 국가 기구를 장악하기 위한 조치도 취해졌다. 사회 정화위원회를 만들어 1만 명이 넘는 사람을 일터에서 내쫓고 탄압했다. 1980년 6월 중앙정보부 요원 중 300여 명을 정리했고, 7월 중순에는 차관급 이상 고위 공무원 232명을 숙청했다. 여기에 더해 내무부, 국세청, 관세청 등의 3급 이하 공무원 4760명, 교육 공무원 611명, 금융 기관 직원 1819명, 농수협 직원 1212명 등도 숙청됐다. 거의 9000명의 공무원과 공공 기관 임직원이 자리를 떠나야 했다. 관계, 금융계, 산업계 장악을 위해 대대적인 숙청을 자행하고 군인을 진출시켰다.

사회 각 부문에 대한 통제도 강화됐다. 국보위는 6월 9일 당국의 5·18에 대한 보도 강요에 이의를 제기하거나 진실을 알리기 위해 노력한 언론인을 악성 유언비어 유포 혐의로 구속했다. 당시에는 5·18이 계엄군 학살에서 비롯했다는 사실이 유언비어였다. 1980년 11월 신군부는 언론 통폐합도 단행해 64개 언론사를 신문사 열네 개, 방송사 세 개, 통신사 한 개로 정리했다. 물론 일방적 통폐합이었다. 신문사, 방송사 등이 통폐합되면서 기자도 대량 해고됐다. 통폐합 과정에서 1000명 이상의 언론인이 해직됐다. 이는 전체 언론인의 30퍼센트에 육박했다.

7월 31일에는 《창작과비평》, 《뿌리 깊은 나무》, 《씨알의 소리》, 《기자협회보》, 《월간중앙》, 《문학과지성》 등 정기 간행물(주간지·월간지·계간지 등) 172종을 폐간 조치했다. 이들 정기 간행물이 정부에 비판적 내용을 다룰 수 있다는 판단에서였다. 또 전체 등록 출판사의 23퍼센트인 617개 출판사의 등록을 취소했다.

7·30 교육 개혁 조치와 함께 한꺼번에 1000여 명의 학생이 제적됐고 수백 명의 교수가 해직됐다. 그뿐 아니라 전국적으로 노동 운동, 농민 운동, 학생 운동 등 각계의 민주화 운동 인사 9000여 명을 체포 또는 수배했다. 노동조합을 철저히 파괴했다. 또한 불교계를 '사이비 승려와 폭력배가 넘치는 비리 온

피슝슝
승려까지
탄압

신군부가 대대적으로 사찰을 수색한 일을 가리켜 '10·27 법난'이라고 한다. 당시 조계종 총무원장인 월주 스님이 신군부의 거듭된 요구에도 '5·17 쿠데타'에 대한 지지 선언을 하지 않자 불교계에 대한 대대적인 탄압이 이뤄졌다. 더 이상의 피해를 막기 위해 총무원장이 자리에서 물러났다.

상'으로 매도하고 1980년 10월 중순부터 군경을 동원해 전국의 모든 사찰을 수색했다. 조계종 승려 등 불교계 인사 153명을 연행하고, 사찰과 암자 5731곳을 수색해 1776명을 검거했다.

자유가 없던 시대

전두환이 대통령에 선출된 뒤, 국보위는 입법권을 가진 국가보위입법회의로 개편됐다. 국가보위입법회의는 전두환이 불법적으로 국회와 정당을 해산하고 만든 대체 입법 기관이었다. 국가보위입법회의가 국회를 대신해서 법을 만들었다. 물론 전두환 신군부의 입맛에 맞는 악법들이었다. 의회의 정부 견제 기능은 완전히 멈춰 버렸다.

"이의 없으십니까?" "이의 없습니다." "가결되었음을 선언합니다." 국가보위입법회의는 제11대 국회가 열리기 전날까지 156일 동안 무려 215건의 법률안을 통과시켰다. 정당법, 집시법, 언론기본법, 사회보호법 등 각종 악법을 제정하거나 개정하여 독재 체제를 법률적으로 뒷받침했다. 5·17 쿠데타

직후 만들어진 국보위가 공포 정치로 제5공화국 출범을 위한 행동대 역할을 했다면, 국가보위입법회의는 신군부의 통치에 걸맞게 여러 법률을 반민주적으로 후퇴시켰다. 국가보위입법회의의 손에서 다수의 악법이 태어났다.

대표적으로 1980년 11월 5일 정치 풍토 쇄신을 위한 특별조치법을 만들어 정치 활동을 금지했다. 반대 세력의 정치 활동을 금지하기 위해 제정한 법률로, 정치인 등 567명의 정치 활동이 제한됐다. 주요 야당 정치인은 거의 모두 정치 활동이 금지됐다고 보면 된다. 선별된 일부 정치인만 관제 야당을 할 수 있었다. 또 집회 및 시위에 관한 법률을 개정했다. 집회 시위를 사실상 허가제로 만들었다. 언론기본법도 바꿨는데, 특히 3조 4항에서는 "언론은 폭력행위 등 공공질서를 문란케 하는 위법행위를 두고 고무 찬양해서는 안 된다. 이를 반복해서 현저하게 위반할 때는 해당 언론사를 문공부가 등록 취소할 수 있다"라고 규정했다.

인권, 참정권, 언론·출판의 자유, 집회·결사의 자유 등이 제한됐다. 마구 잡아다가 고문하고 취조했다. 애먼 사람이 간첩이 되고 '빨갱이'가 됐다. 언론은 자유롭게 보도할 수 없었다. 정부가 보도하라는 것만 보도하라는 대로 보도해야 했다. 출판의 자유, 사상의 자유도 없었다. 정부를 비판하거나 사회와 역사에 대해서 고민하고 성찰하는 책은 죄다 판매가 금지됐다. 전두환 정부와 다른 생각, 다른 의견은 공식적으로 피력되어선 안 됐다. 정부에 비판적인 생각을 가진 사람끼리 집회를 열거나 생각을 나누고 힘을 모으기 위해 단체를 만드는 일도 철저히 금지됐다.

1980년대는 1980년 10월 27일 공포된 제5공화국 헌법에

계란탁

'빨갱이'라는 말을 쓰지 말자!

실제 간첩도 있었지만, 만들어진 간첩도 많았다. 무고한 이들이 간첩이 됐고 빨갱이가 됐다. 빨갱이는 공산주의자를 뜻한다. 요즘은 빨갱이 대신 '좌빨'이라는 말도 쓴다. 좌파와 빨갱이의 앞 글자를 따서 만든 말이다. 좌빨이라는 말은 실제 공산주의와 무관한 사람들까지 전부 공산주의자로 낙인찍는다. 촛불 집회도 좌빨, 노동조합도 좌빨이라고 싸잡아 비난하기 일쑤다. 그렇게 해서 집회 참여자, 노조 소속 노동자를 낙인찍고 배제하고 적대시하는 것이다. 빨갱이나 좌빨 같은 말을 함부로 써서는 안 되는 이유다.

따라 유지됐다. 제5공화국 헌법 제1조는 "대한민국은 민주공화국이다"라고 규정했다. 그러나 1980년대는 민주주의와 거리가 멀었다. 국민이 대통령을 직접 뽑을 수 없었다. 대통령이 지정한 선거인단이 대통령을 뽑았다. 선거는 요식 행위에 불과했다. 인권과 자유는 수시로 무시됐다.

정의롭지 못한 정의 사회 구현

삼청교육대

신군부 세력의 폭력적 체제 정비의 절정은 1980년 8월 4일 발표한 '사회악 일소를 위한 특별 조치'에 따른 '폭력배 소탕'이었다. 국보위는 불량배 소탕 계획, 일명 '삼청 계획 5호'를 시행했다. 불량배 소탕 계획에 투입된 경찰과 군인만 **연인원**[*] 80만 명에 달했다. 국보위가 삼청 계획을 준비할 당시 검거 계획은 2만 명이었지만, 실제 검거된 인원은 6만 755명에 달했다. 2주 만에 무려 3만 명이 검거됐다. 경찰서끼리 실적 경쟁이 벌어진 결과였다.

범죄 혐의가 있는 사람을 체포하려면 법원에 영장을 신청해서 영장이 발부되어야만 가능하다. 그런데 국보위는 영장도 없이 수많은 시민을 체포해 군대 내 훈련장으로 끌고 갔다. '사회 정화와 폭력배 소탕'이라는 명목으로 시민 6만여 명을 영장 없이 검거했다. 주관적이고 자의적인 기준으로 사람을 마구 체포 및 분류했다. 6만여 명 중 3200여 명을 군법 회의에 넘겼고, 순화 교육 대상자로 선별된 3만 9786명을 군대로 보냈다. 이들이 보내진 곳은 국보위가 사회 정화 정책의 일환으로 군부대 내에 설치한 **삼청**교육대였다. 삼청교육대에 보내진 이들은 4주 동안 혹독한 체력 훈련을 받은 뒤 6주간 강제 노동을 해야 했다.

명목상의 징집 대상자는 불량배였다. 그러나 잡혀온 이들

~~~~~~~~~~~~~~~

* 　하루당 참가자와 전체 기간을 계산하여 구한 어떤 일에 동원된 총 인원수를 가리킨다. 가령 어떤 집회에 세 사람이 4일 동안 참여했다면 집회의 연인원은 3명×4일=12명이 된다.

중에는 불량배가 아닌 사람도 많았다. 몸에 문신이 있다는 이유로, 공권력에 반기를 든다는 이유로, 지역 주민에게 밉보였다는 이유로, 그 외에도 황당무계한 여러 이유로 끌려왔다. 술집에서 싸움을 했다고, 술에 취해 길바닥에 누워 있었다고 연행됐다. 심지어 학교에서 좀 껄렁거린 고등학생도 잡혀왔다. "김형은 체불임금 요구하며 농성 중에 / 사장놈 멱살 흔들다 고발되어 잡혀 오고 / 열다섯 난 송군은 노가다 일 나간 / 어머니 마중길에 불량배로 몰려 끌려오고" 박노해 시인의 〈삼청교육대〉라는 시의 일부다.

막무가내 검거가 이루어지는 한편 저항 세력을 표적으로 한 검거도 있었다. 노동조합을 만들거나 노동 운동을 한다는 이유로 연행됐다. 가령 1970년대 말에 파업을 주도적으로 이끌었던 원풍모방, 반도상사, 대한전선 등의 노동조합 지도부

삼청교육대의
삼청(三淸)은
무슨 뜻일까?

두 가지 설이 있다. 하나는 몸, 마음, 정신, 이렇게 세 가지를
깨끗이 청소한다는 뜻이고, 또 다른 하나는 폭력범, 사기범,
사회 풍토 문란범의 세 가지 사회악을 일소한다는 의미다.

191명이 잡혀갔다. 또 불온 선동자, 전두환 비방자, 5·18 유언
비어 유포자 등도 검거 대상이었다. 이런 식으로 저항 세력을
옴짝달싹 못 하게 묶었다.

"선동 및 도망치는 자, 반항자는 사살한다." 생활 수칙 제
1조는 반항하면 죽인다는 내용이었다. 생활 수칙에서 드러나
듯 삼청교육대는 지옥 그 자체였다. 고문과 학대로 300명 넘
게 죽었다. 1988년 국회의 국방부 국정 감사에서 현장 사망
자 52명, 후유증으로 인한 사망자 397명, 정신 장애 등 상해자
2678명이 발생했다고 밝혀졌다. 정부 발표가 그러했을 뿐, 실
제 사망자나 상해자는 더 많았을 것으로 추정된다.

최소한의 인권조차 보장하지 않았지만, 당시에는 아무도
삼청교육대를 문제 삼지 않았다. 언론의 책임이 컸다. 신군부
는 언론사에 보도 지침을 내려서 삼청교육대의 좋은 모습만
보도하도록 했다. 신문·방송 가릴 것 없이 삼청교육대에 대한
미담 기사만 쏟아냈다. 몸에 문신을 새긴 남성이 앞으로 새사
람이 되겠다고 다짐하는 모습이 방송 화면을 채웠다. 당시 언
론 보도의 영향으로 지금까지도 삼청교육대 설치가 불량배 소

탕을 위한 긍정적인 조치였다고 생각하는 사람이 있을 정도다.

부랑자 몰아내기

1975년 내무부는 '부랑자 처리 지침'을 만들었다. 지침은 부랑인을 '일정한 주거 없이 구걸, 물품 강매, 건전한 사회 및 도시 질서를 저해하는 사람'으로 폭넓게 정의했다. '부랑자 처리 지침'에 따라 누구든지 부랑인으로 지목될 수 있었다. 옷이 낡거나 차림새가 깨끗하지 않으면 누구든지 말이다. 길에서 껌 같은 물건을 들고 다니며 팔아도 부랑자로 잡혀갈 수 있었다. 또한 부랑자가 많이 오가는 역이나 터미널 주변의 상점 주인 등을 부랑인 신고 책임자로 지정해 부랑자 발견 즉시 신고가 이뤄질 수 있도록 했다.

전두환은 1981년 4월 10일 국무총리에게 "부랑자를 처리해 사회를 정화하라"라는 특별 지시를 내렸다. 이후 부랑인 단속과 강제 구금이 강도 높게 이뤄졌다. 대통령의 지시에 부응하듯 부랑인 수용 시설은 우후죽순 생겨났다. 수용 시설은 국가 권력의 비호를 받았다. 막대한 국가 예산이 투입되기 시작했다. 수용된 인원수에 따라 시설에 국고 보조금이 주어지다 보니 경쟁적으로 '부랑인 사냥'이 벌어졌다. 경찰과 공무원도 거들었다. 단속 실적이 좋을수록 높은 근무 평점을 받았다. 수많은 사람이 전국의 부랑인 수용 시설에 잡혀왔다.

당시 가장 큰 부랑인 수용 시설인 부산의 형제복지원은 1987년 1월 기준 3146명을 수용했다. 수용자는 길거리 등에서 잡혀온 무연고자는 물론이고 고아, 장애인, 일반 시민, 어린 아이까지 마구잡이로 끌려온 사람이 대부분이었다. 1975년부터 1987년까지 부랑인을 선도한다는 명목으로 형제복지원은 잡혀온 이들을 군대식으로 관리했다. 수용자는 강제 노동을 해야 했으며 수시로 매를 맞았다. 불법 감금은 물론이고 강제 노동, 가혹 행위, 심지어 성폭행도 벌어졌다.

폭행과 학대가 얼마나 심했으면 사망자가 부지기수로 나왔다. 1975년부터 1986년까지 사망자가 513명에 이르렀다. 주검은 가족에게 인계되거나 부검되지 않고, 임의로 사망 진단서를 발급받아 주변 공터에 암매장됐다. 병원이나 대학에 해부용으로 팔았다는 주장까지 제기됐다. 형제복지원 사건은

1980년대에 벌어진 대표적 인권 유린 사건이다. 부랑인 수용 시설은 강권 통치가 지배하던 시대의 축소판이자 결정판이었다.

사회 정화 프레임

독재 정권은 학생 운동 세력을 탄압하려고 강제 징집과 '녹화 사업'도 벌였다. 전두환은 학생 운동에 참여한 대학생을 강제로 징집했다. 이를 **녹화 사업**이라고 했다. 국방부 과거사진상규명위원회는 1982년부터 1984년까지 녹화 사업 피해자가 1192명이라고 추산했다. 당시 대학생들은 감옥에 갈지언정 군대에는 끌려가지 말자고 마음먹었다. 군대에서 개죽음을 당할 수 있다는 공포감이 운동권 대학생 사이에 널리 퍼졌다. 강제 징집된 후에 휴가 나온 친구나 선후배가 프락치를 강요받

녹화 사업이란?   원래 녹화 사업은 벌거숭이 민둥산에 나무를 심어 푸르게 만드는 일을 뜻한다. 하지만 1980년대의 녹화 사업은 학생 운동에 적극적인 학생들이 좌익 사상에 붉게 물들었다며 이들의 의식을 푸르게 한다는 의미로 녹화 사업이라고 이름 지었다.

고 있다는 얘기가 전해지면서 강제 징집은 더 큰 공포로 다가왔다.

강제 징집된 학생을 '학원 프락치'로 만드는 비열한 공작이 실제로 벌어졌다. 학원 프락치란 군대를 제대하고 학교로 복학한 뒤에 선후배와 동기들의 동향 등을 은밀히 파악해 정보기관에 보고하는 내부 첩자를 가리킨다. 450여 명이 프락치를 강요받았다. 그 과정에서 강제 징집된 대학생 여섯 명이 의문의 죽임을 당했다. 프락치를 강요받은 이들은 유서까지 쓰며 괴롭힘을 당해야 했다. 유서 작성은 공포를 조성하려는 목적도 있었고 고문하다 죽으면 자살로 위장하려는 목적도 있었다.

정치적 정당성이 없는 독재 정권은 이를 숨기기 위해 '정의 사회 구현'을 전면에 내걸었다. 정의 사회 실현을 가로막는 사회악으로 폭력배나 전과자, 부랑인을 지목하고 대대적인 단속을 벌였다. 사회 정화라는 미명 아래 보기 싫은 사람을 격리·교화하는 것이 겉으로 내세운 명분이었다. 하지만 실상은 정당성 없는 정치권력이 자신들의 정당성을 홍보하는 것이 진짜 목적이었다. 그렇게 기획된 것이 삼청교육대였고 부랑인 시설이었다. 녹화 사업도 마찬가지였다. 삼청교육대와 형제복지원이 눈에 보이는 사회 정화였다면 녹화 사업은 사상의 사회 정화였다.

신군부는 삼청교육대를 통해 자신들이 가진 힘을 과시하는 동시에 범죄 없는 사회를 만들겠다는 명분으로 폭력과 인권 침해를 정당화했다. 그렇다면 정말 안전한 사회가 됐을까? 명분만 사회 정화였을 뿐 실제로는 아무 관련 없는 이들이 마구잡이로 잡혀갔다. 또 정부에 비판적인 이들도 잡혀 들어갔다. 범죄 전력, 즉 전과가 없는 사람이 무려 35.9퍼센트에 달했다. 셋 중 하나는 범죄와 전혀 상관없는 사람이었던 것이다. 정의롭지 못한 정권의 정의롭지 못한 정의 구현이었다. 오로지 신군부를 위한 사회 정화였다.

계란탁

전과가 있다고 해도 문제

전과가 없는 사람을 잡아간 것만 문제인 건 아니다. 전과가 있는 사람도 마찬가지다. 과거에 범죄를 저질렀다고 현재 아무런 범죄 혐의도 없는 사람을 잡아다 강제로 훈련을 시키고 노역을 시키는 것은 엄연히 불법이다. 일사부재리(一事不再理)의 원칙이 있다. 이미 판결이 나서 죗값을 치른 범죄에 대해서 또다시 처벌하지 않는다는 것이다.

#끓는 물에 면과 분말수프 넣기
시대를 밝힌 민주화 운동

빚이자 빛
5·18과 부채 의식

서울역 회군

1980년 3월 새 학기가 시작되고 각 대학 학생회는 교내 시위를 고수했다. 그러다 신군부의 정권 장악 음모가 노골화하자 적극적 투쟁으로 기울었다. 1980년 5월 9일 전국 22개 대학 학생 대표가 고려대학교에 모여 시국에 대한 학생의 입장을 논의하고 5월 10일 '비상계엄 해제', '유신 잔당 타도' 등을 요구하는 내용의 시국 선언문을 발표했다. 5월 13일에 각 대학 대표들은 거리 시위를 하기로 전격적으로 결정했다. 이에 따라 5월 14일에는 대학생 7만여 명이, 5월 15일에는 10만여 명이 서울역 광장에 모여 "비상계엄 해제하라", "전두환은 물러가라", "**노동 3권** 보장하라" 등의 구호를 외쳤다.

그런데 학생 대표 사이에서 투쟁 방법에 대한 논쟁이 벌어졌다. 야당에서 "학생의 거리 시위는 군대가 움직일 명분을 줄 수 있다"라고 적극적으로 말리는 가운데, 군부대 이동과 관련된 제보가 속속 들어왔기 때문이다. 학생 대표들은 5월 15일 밤 8시경에 긴급 대책 회의를 열었다. 향후 대책을 둘러싸고 학교로 복귀, 여의도 광장으로 후퇴, 서울역 광장 철야 농성 등으로 의견이 갈렸다.

꼭두기

노동 3권이란?

노동 3권은 단결권, 단체교섭권, 단체행동권을 가리킨다. 노동자는 자신의 이익을 위해 조직을 만들 수 있다. 가장 대표적인 조직이 노동조합이다('단결권'). 노동자가 만든 노동조합은 노동조건을 유지하고 개선하기 위해 회사 측과 교섭할 수 있다('단체교섭권'). 교섭이 결렬되면, 즉 요구가 받아들여지지 않으면 노동을 중단하는 파업을 할 수 있다('단체행동권').

그때 공교롭게도 총리 담화 뉴스가 들려왔다. '총리가 연말까지 개헌안을 확정하고, 1981년 봄 선거를 실시해 정권을 이양하겠다. 이를 국회와 협의하고 있다. 사회가 안정되면 계엄령도 즉시 해제할 테니 학생들은 정부 약속을 믿고 자제해달라는 담화를 발표했다'라는 뉴스였다. 그러자 '귀교 해산' 주장이 우세해졌다. 그리고 내무부 장관이 '연행 학생 석방, 안전귀가'를 약속하자 서울대학교 총학생회장 심재철이 "학생 대표자 회의에서 귀교 후 철야 농성으로 결론이 났다"라고 학생들에게 알리면서 서울역 집회는 마침표를 찍었다.

서울역 광장에 모인 10만여 명의 학생이 흩어지고, 곧바로 전국 55개 대학 95명의 학생 대표가 이화여자대학교에 모여 향후 대책을 논의했다. 그러나 5·17 쿠데타가 일어나면서 이들은 현장에서 모두 검거되고 말았다. 학생들을 제압하자마자 신군부는 권력 장악에 착수했다. 5월 17일 비상계엄을 제주도까지 확대했다. 학생들은 휴교령이 내려지면 학교 근처에서 시위를 벌이기로 했지만, 학생 대표가 모두 검거된 탓에 전국적·동시다발적 시위는 불발됐다. 그때 유일하게 약속을 지킨 곳이 광주였다. 그리고 광주는 혹독한 대가를 치렀다. 유일하게 5·17 쿠데타에 맞선 광주만 무자비한 탄압을 받았다.

살아남은 자의 부끄러움

전두환이 총칼로 광주시민을 도륙할 때 아무런 도움도 주지 못한 채 지켜봐야 했던 민주화 진영은 죄인처럼 고개를 숙여야 했다. 시인 김준태는 "아아 살아남은 사람들은 모두가 죄인처럼 고개를 숙이고 있구나"라고 5·18 이후의 비참함을 토로했다. 그중에서도 1960년대 이래 민주화 운동의 중심에 섰던 학생 운동권의 슬픔은 남달랐다. 학생 운동가들은 '서울역 회군이 신군부에게 힘을 과시할 기회를 줬다'는 자괴감에 빠져들었다. 광주의 희생을 딛고 살아남은 이들은 깊은 슬픔과 부끄러움을 느꼈다.

박정희가 죽고 찾아온 '서울의 봄'은 신군부의 등장으로 독재의 겨울로 돌아갔다. 서울의 봄이 좌절된 1980년대는 기나긴 겨울이었고 거대한 감옥이었다. 사복 경찰이 대학 교정에 항상 머물렀고, 집회가 열리는 즉시 학생을 검거하는 엄혹한 시절이었다. 1983년 말 유화 조치가 취해지기 전까지 학생 운동은 침체됐다. 그러나 학생 운동은 무릎 꿇지 않았다. 학생 운동이 꺾이지 않고 끊임없이 되살아나 싸울 수 있었던 밑바탕에 '5월 광주'가 있었다. 1980년대 민주화 운동의 강력한 투쟁은 5·18의 충격에서 비롯했다.

1980년대는 폭압과 거짓의 시대였다. 신군부는 광주 학살의 핏자국을 지우려고 부단히 애썼다. 1980년대 내내 '5월 광주'는 금기어였다. 광주 학살을 알리려는 시도는 체포·구금·고문으로 이어졌다. 5·18은 철저한 봉쇄와 침묵의 대상이었다. 하지만 신군부의 검열 아래 만들어진 번지르르한 신문 활자로도, TV에서 흘러나오는 가식적인 뉴스로도 광주 곳곳에 뿌려진 핏자국을 지우기는 어려웠다. 중국의 사상가 루쉰이 《꽃이 없는 장미》에서 말한 것처럼 "먹으로 쓴 거짓이 피로 쓴 진실을 가릴 수는 없"는 법이다.

먼 도시에서 일어난 국가 폭력은 조금씩 세상에 알려졌다. 5·18은 실패했지만, 광주시민을 잔인하게 진압하는 모습이 담긴 사진과 비디오테이프가 5월이면 대학교 교정에서 비밀스럽게 돌았다. 야만적 학살을 기록한 사진과 비디오를 접한 학생들은 전두환 정권에 경악했다. 그들은 그동안 알아왔던 세계가 부서지는 충격을 경험했다. 5·18을 폭동으로 알고 있었던 이들은 그것이 신군부가 언론을 통제해 퍼뜨린 거짓이라는 사실을 알고 큰 충격을 받았다. 그러한 경험은 자신이 보고 듣고 알고 있는 거의 모든 것을 의심하게 만들었다.

처음부터 광주의 진실을 알았던 이도 있었지만, 대부분의 사람은 그렇지 않았다. 처음부터 광주의 진실을 알았던 사람이든 나중에 알게 된 사람이든 '5월 광주'는 충격 그 자체였다. 민주화 운동에 직접 뛰어들진 않았지만 자기 자리에서 묵묵하

대학생, 목숨을 던지며 광주를 외치다

5·18과 함께 뜨거운 1980년대가 시작됐다. 서강대학교 학생 김의기가 가장 먼저 목숨을 던졌다. 김의기는 1980년 5월 30일 광주의 진실을 부르짖으며 투신자살했다. 김의기는 투신 직전에 남긴 〈동포에게 드리는 글〉에서 "피를 부르는 미친 군홧발 소리가 우리가 고요히 잠들려는 우리의 안방까지 스며들어 우리의 가슴팍과 머리를 짓이겨놓으려고 하는 지금, 동포여 무엇을 하고 있는가?"라고 되물었다.

고 성실하게 살아가던 시민 역시 광주의 진실을 접하면서 정권의 정당성에 의문을 갖기 시작했다. 운동권의 부끄러움과 부채 의식이 쌓이고 쌓여, 시민의 각성과 비판 의식이 커지고 커져 민주주의를 요구하는 거대한 흐름으로 발전했다.

끝의 시작

6월 민주항쟁은 언제 시작됐을까? 직접적인 도화선은 박종철 고문치사 사건이었다. 그런데 항쟁의 씨앗은 오래전에 뿌려졌다. 독재 권력과 민주화 세력이 충돌하는 가운데 민주화 이행에 실패했던 1979~1980년의 상황에서 출발했다. 그 중심에 광주가 있었다. 광주는 민주화 세력에게도 독재 권력에게도 지울 수 없는 상처를 남겼다. 신군부는 쿠데타를 통해 집권에 성공했지만, 광주 학살이라는 원죄가 끝까지 발목을 붙잡았다. 정권의 정당성은 늘 의심받았다.

1980년대 내내 '5월 광주'가 소환됐다. 1980년 5월 27일 광주시내의 새벽을 가르며 들려오던 "광주시민 여러분, 우리는 끝까지 싸울 것입니다. 우리를 잊지 말아주십시오. 우리를 잊지 말아주십시오" 하며 부르짖던 젊은 여성의 애끓는 외침처럼 광주는 망각하기 어려운 사건이었다. 민주화 세력은 광주에 대한 부채 의식에서 자유롭지 않았다. 전남 도청에서 목숨을 바쳐 끝까지 싸운 사람은 그러지 못했던 이에게 빚이었다. 학살의 방조자였다는 부끄러움과 부채 의식은 쉽게 지워지지 않았다. 그러나 '5월 광주'는 동시에 1980년대 독재의 어둠을 밝히는 빛이자 민주화 운동을 타오르게 만든 동력이었다.

5·18은 실패했지만, 1980년대 민주화 운동의 밑거름이 됐다. 1980년대 민주화 운동은 그 어느 때보다 전투적이었다. 당시에 이뤄진 한 연구는 "한국의 정치 문화 속에 과거 어느 시대에도 볼 수 없었던 폭력에 의해서라도 정권을 퇴진시켜야 한다는 전투적인 정치적 성향"이 표출됐다고 표현했다. 운동권의 전투적 성향은 광주에서 비롯했다. 1980년대 내내 독재에 맞서 강력하게 싸울 수 있는 힘은 광주에서 나왔다. 목숨을 걸고 독재와 싸웠던 이들에게 광주는 마음의 부채였고 운동의 상징이었으며 싸움의 동력이었다.

1980년의 광주는 거기에서 끝나지 않았다. 신군부는 1980

년 광주를 무참히 짓밟았지만, 자유와 민주주의에 대한 열망은 꺾을 수 없었다. 광주에서 짓밟힌 민주화의 싹은 끈질긴 생명력으로 되살아나 1987년 6월 민주항쟁으로 꽃피었다. 5·18은 민주화를 이루지 못한 채 좌절됐지만, 시민군이 죽음을 무릅쓰고 끝까지 싸웠던 이야기는 5월이면 대학교 교정을 가득 채웠다. 그러면서 전두환 정부의 정통성에 계속 의문을 품게 만들었다. 그렇게 5·18의 씨앗이 자라 결국 6월 민주항쟁이라는 꽃을 피웠다.

민주화 운동의 부침

민주화 운동의 암흑기

1980년 5월 초 전국적으로 끓어오르던 학생 운동권의 민주화 열기는 군사 쿠데타 직후 얼어붙었다. 전두환은 5월 16일 '전군 주요 지휘관 회의'에서 몇 가지 사항을 지시했는데, 이 내용은 쿠데타와 동시에 빠짐없이 이행됐다. 내용은 다음과 같다.

① 전문대학 이상 모든 대학의 휴교령과 학생회 간부들의 예비 검속

② 정치권의 세 김 씨를 각기 상이한 명분으로 제거할 것과 여기에 필요한 병력 동원

③ 국회가 열려 계엄 해제를 결의하지 못하도록 군 병력으로 국회의사당 봉쇄

④ 정부를 무력화하고 국보위 가동 준비

⑤ 검열을 거부하는 모든 언론인을 제거하고 계엄 확대 조치를 옹호하는 중진을 확실히 포섭해 전진 배치

전두환 정권이 이른바 '학원 자율화 조치'를 취하기 전까지 대학은 대학이 아니었고, 학생은 학생이 아니었다. 학생은 '예비적 시국 사범'이었다. 학교 교정과 광장은 사복 경찰, 사복 정보원(안기부 정보 요원, 보안사 정보 요원) 등 기관원이 차지했다. 학생이 모여서 구호를 외칠 조짐이 조금만 보여도 사복 경

예비 검속이란?

혐의자를 미리 잡아놓는 일을 뜻한다. 범죄 사실이 소명되지도 않았는데 혐의만 가지고 미리 붙잡아 가두는 일이 1980년대에는 버젓이 이뤄졌다. 원칙적으로는 경찰이나 검찰이 법원에 구속 영장을 청구해서 구속 영장이 발부될 때만 범죄 혐의자를 구속할 수 있다.

찰이 지체 없이 달려 나왔다. 1980년 5월부터 1983년 말까지 2년 반 동안이나 기관원이 대학 캠퍼스에 머물렀다.

학생들은 학내에서 옴짝달싹할 수 없었다. 민주화를 고민하던 많은 학생이 허무주의자가 되어 술독에 빠져들었다. 패배주의만 있었던 건 아니다. 운동 방식을 바꿔 새로운 길을 찾은 이도 많았다. 일부 운동권 학생은 노동 현장에 투신해 노동조합(이하 '노조') 결성을 지원하거나 '야학 운동'에 힘썼다.

전두환 정권은 집권 초기 사회정화위원회와 국가안전기획부 등을 앞세워 억압적으로 통치했다. 주요 야당 정치인의 정치 활동을 철저히 금지했다. 정치 활동이 허용된 일부 정치인

깍두기

야학 운동이란?

일부 학생은 학내 시위보다 민중의 힘을 북돋우는 것이 더 중요하다고 보고 노동 야학으로 뛰어들었다. 야학이란 대학생 교사가 정규 교육을 받지 못한 빈민이나 노동자 등을 가르치는 비정규 교육이다. 검정고시 과목뿐만 아니라 노동법, 사회과학 등을 가르쳐 노동자의 의식을 일깨우는 데 주력했다.

만이 관제 야당(정부와 여당의 관리·통제를 받는 야당)을 할 수 있었다. 언론을 시시콜콜 검열했고, 학생·지식인·노동자 등이 주축인 사회 운동 세력을 감시하고 억압했다. 전두환 정권은 1980년 5월부터 1983년 후반까지 강권 통치로 일관했다.

다시 타오르다

1983년 하반기에 시작된 유화 조치를 계기로 민주화 운동의 암흑기가 저물기 시작했다. 전두환 정권은 비판 세력을 제도권 안으로 끌어들이려고 강압 정책을 다소 느슨하게 풀었다. 7년 단임제 헌법 아래서 전두환은 억압 정책만을 고수하기 어려웠다. 구속자가 넘쳐나는데도 저항이 잦아들기보다 더 거세졌다. 폭압 정치만으로는 국민을 통제할 수 없다는 걸 인정해야 했다.

1985년에 총선거도 예정되어 있었다. 억압 정책만으로는 총선거에서 승리를 장담할 수 없었다. 게다가 국제적으로는 1986년 아시안 게임과 1988년 서울 올림픽 같은 국제 행사를 유치해놓은 상태였다. 국제 사회에 억압적인 정부의 모습을 보여줄 수는 없었다. 유화 조치는 이런 배경에서 나왔다. 1983년 말부터 서서히 정치적·사회적 유화 조치가 취해지기 시작했다.

3차에 걸친 해금 조치로 정치 활동이 금지됐던 536명이 활동을 재개할 수 있었다. 오랜만에 정치 사회가 활기를 띠었다. 또 학생 운동 관련 제적생 1300여 명의 복교가 허용됐고, 공안 사범 300여 명이 사면·복권됐다. 제도 정치로부터 추방됐던 정치 세력과 재야, 학생 운동, 노동 운동 등 사회 운동 세력이 다시금 활동을 시작했다. 1980년대 민주화 운동은 유화 국면 이후 폭발적으로 성장했다. 전두환 정권은 유화 조치로 저항이 누그러지기를 기대했겠지만, 역사는 기대와 다르게 흘러갔다. 저항은 누그러지기는커녕 더 커졌다.

야권은 김대중과 김영삼을 중심으로 정치 활동을 재개했다. 김대중과 김영삼 지지자는 해금 조치 1년 뒤인 1984년 5월 18일 민주화추진협의회(이하 '민추협')를 발족하고 본격적인 민주화 운동을 벌였다. 민추협은 김대중과 김영삼 지지자를 한데 모은 유일한 조직이었다. 민추협은 이후 신한민주당(이하

'신민당'이라는 선명 야당의 탄생을 위한 산파 역할은 물론이고 정치 사회와 시민 사회를 잇는 다리 역할을 톡톡히 했다. 총선을 한 달 앞둔 1985년 1월 18일 민추협을 뿌리로 한 신민당이 창당됐다. 신민당은 어용 야당으로 불렸던 민한당과 국민당을 대신할 진짜 야당을 모토로 내걸었다.

정치 활동이 금지된 김대중과 김영삼은 해금되지 않았지만 두 사람을 따르는 정치인이 규제에서 풀려나 총선에 대거 출마했다. 그해 2월 12일 치러진 총선에서 민정당은 88석(전국구 포함 149석)을, 신민당은 50석(전국구 포함 67석)을 차지했다. 총선 한 달 전에 창당한 정당이 67석을 차지한 것은 파란이었다. 특히 대도시에서 신민당의 돌풍이 거셌다. 신민당은 서울에서 42.7퍼센트, 부산에서 35.9퍼센트를 득표했다. 반면에 민정당은 20퍼센트 대에 그쳤다. 집권당인 민정당은 제1당을 유지했지만 큰 충격을 받았다.

1983년 9월 30일 학생 운동 지도자 출신의 청년 운동 조직인 민청련이 조직되면서 민주화 운동의 새 길을 텄다. 민청련의 의미는 남달랐다. 공개 정치 투쟁의 깃발을 올리면서 공개적인 민주화 운동의 선두 주자로 우뚝 섰다. 이후 1984년 6월 민중민주운동협의회(민민협)가 조직됐고, 10월 16일 민주통일 국민회의(국민회의)가 조직됐다. 이들 단체가 등장하면서 전국 적 단위의 재야 정치 조직이 만들어졌다.

또한 여성, 언론, 대학, 문화 예술 등 사회 각 부문의 움직임 도 활발했다. 1983년 6월 여성평우회, 12월 해직교수협의회, 1984년 3월 80년 해직언론인협의회, 4월 민족문화운동협의 회, 12월 자유실천문인협의회, 민주언론운동협의회 등이 연 이어 생겨났다. 더불어 전북민주화운동협의회, 인천지역사회 운동연합, 충남민주운동협의회 등 지역 운동 단체가 등장했 다. 이들 지역 운동 단체는 이후 전국적으로 통일된 운동을 전 개하는 기반이 됐다.

학생 운동의 경우 1984년 상반기 대학마다 '학원자율화추 진위원회'가 결성되어 학원 통제 정책의 철폐를 요구하는 학 원 민주화 투쟁을 전개했다. 1984년 하반기부터 1985년 초반 까지는 사회 민주화 투쟁이 두드러졌다. 대표적으로 '5·18 학 살 진상 규명' 투쟁이 전개됐다. 또한 대학 간 연대 투쟁 조직도 강화됐다. 전국적 학생 조직인 전국학생총연합이 결성됐다.

민주화 운동의 새로운 방향

이름도 낯선 이런 단체가 왜 중요할까? 영국의 철학자 흄은 "세상에서 무엇보다 놀랍게 보이는 일은 다수가 소수에 의해 너무도 쉽게 지배된다는 것이다"라고 말했다. 독재자는 단 한 명이다. 단 한 명인 독재자의 지배를 받는 시민은 수천만 명이다. 물론 독재자를 따르는 독재의 부역자가 있다. 군인을 포함해서 그들이 수십만 명이라고 해보자. 그렇다 해도 독재자 무리와 일반 시민은 1 대 100의 비율이다. 왜 100은 1을 이기지 못할까? 여러 단체가 생겨나는 것이 중요한 이유는 이 질문과 관련된다.

100이 모래알처럼 흩어져 있을 땐 1을 절대로 이기지 못한다. 일대일로 붙으면 1이 무조건 이길 테니까. 그렇게 해서 1은 100과 100번 싸워서 다 이길 수 있다. 100이 1과 붙어서 이기는 방법은 하나다. 하나로 뭉치는 것이다. 그러기 위해서는 조직과 단체가 필요하다. 그래야 같은 날 같은 장소에서 1과

붙어 싸울 수 있다. 약자가 연대해서 함께 한목소리를 낼 때 약자는 강자를 이길 수 있다. 이런 단체들과 거의 모든 민주화 세력을 묶는 '민주화 연합'이 결성되면서 민주화 세력은 독재 세력에 맞서 하나로 뭉쳐 싸울 수 있었다.

정부의 이념 공세와 강경책에 맞서 각개 격파로 해오던 여러 갈래의 운동 세력과 야당 세력은 역량을 합칠 필요성을 느꼈다. 그래서 민주화 운동의 목표를 '영구 집권 음모 분쇄와 직선제 개헌'으로 통일했다. 1986년 11월 24일 민추협, 신민당, 종교 단체, 민통련, 민주언론운동협의회, 기독자교수협의회, 가톨릭농민회, 자유실천문인협의회, 구속학생학부모회 등 재야 단체 40여 명이 모여 〈국민에게 드리는 글〉을 발표하기도 했다. 이후 1987년 2월 7일 야권과 48개 단체가 공동으로 개최한 '고 박종철 군 추모 대회'와 3월 3일 '고문 추방 및 민주화를 위한 국민 평화 대행진(이하 '고문 추방 국민 대행진')'으로 이어졌다.

결정적 순간의 희생
1980년대와 학생 운동

학생 운동의 시대

1960년 4·19 혁명은 한때 '4·19 학생 의거'라고 할 정도로 학생의 역할이 컸다. 4·19 혁명 이후 반독재 민주화 투쟁에서 학생 운동의 비중과 역할은 매우 커졌다. 4·19 혁명에서 그 존재감을 드러낸 학생 운동은 이후 30여 년 동안 반독재 민주화 운동을 앞장서 이끌었고 끝내 독재 체제를 무너뜨렸다. 1960년 4·19 혁명에서 1987년 6월 민주항쟁에 이르는 시기를 '학생 운동의 시대'라고도 한다. 그만큼 민주화에 학생 운동이 기여한 바가 작지 않았다.

1980년대는 노동 운동이나 시민운동이 성장하지 못했다. 학생 운동 세력은 전두환 정권의 독재와 억압에 맞서 선도적인 투쟁을 벌였다. 따라서 학생 운동은 전두환 정권의 집중적인 탄압 대상이 됐다. 전두환 정부는 학생 운동만 제압하면 비판 세력을 틀어막을 수 있다고 판단해서 학생 운동 지도부를 잡아들이는 데 열을 올렸다. 이 시기 시위로 구속되거나 투옥된 학생은 유신 때보다 많은 1400여 명에 달했다. 정부는 학생 운동을 철저히 고립시켜 민주화 열기가 다른 사회 부문으로 번지는 것을 막고자 했다.

전두환 정부가 들어선 후 극심한 폭압 속에서도 반독재 민주화 운동의 선봉에 선 많은 대학생이 지속해서 시위를 벌였다. 경찰 통계에 따르면 학생 시위는 1981년 43회 일어나 1만 5000여 명이 참여했고, 1982년 61회 일어나 3만 3000여 명이 참여했으며, 1983년 143회 시위에 7만 4000여 명이 참여했다. 유화 조치 이후에는 폭발적으로 늘어났다. 1984년 1500여 회의 시위에 42만 4000여 명이 참여했고, 1985년 2100여 회의 시위에 47만여 명이, 1986년 2001건의 시위에 47만 5000여 명이 참여했다. 6월 민주항쟁 전인 1987년 5월까지는 학생시위 횟수와 참여 인원 모두 전에 비해 줄어들었다.

시위 통계에서 확인할 수 있는 것처럼 학생 운동은 두 번의 변곡점을 맞았다. 1980~1983년 침체기를 겪다가 1983년 학원 자율화 이후 살아나고, 1986년 이후 다시 억압받으면서 위축됐다. 1987년 들어 학생 운동은 침체된 모습이 뚜렷했다. 1979년까지 전경의 수는 1만 6000여 명 정도였으나 전두환 정부에 접어들어 1981년에 이미 그 수가 3만 2000여 명으로 두 배나 늘어났다. 1983년에는 의무 경찰 모집까지 실시되어 전경·의경을 모두 합해 4만 6000명가량의 시위 진압 인력이 확보됐다. 1987년 6월 민주항쟁 무렵에는 전·의경이 5만 8000여 명으로 증가했다.

학생 운동, 변화를 꾀하다

앞에서 설명한 것처럼 집권 초 체제 정비가 마무리된 시점인 1983년 하반기부터 탄압 완화 조치가 취해졌다. 전두환 정권은 1983년 12월 21일 학원 자율화 조치를 시행했다. 대학에 상주하던 기관원을 철수하고, 유신 시대부터 양산된 제적생 1363명의 복교를 허용했다. 해직 교수도 타 학교 취업이나 복교가 허용됐다. 구속자 석방, 사면·복권, 제적생 복교, 학원 상주 경찰 철수, 해직 교수 복직 등의 학원 자율화 조치를 시작으로 정치 활동을 금지했던 이들에 대한 해금이 이어졌다.

1985년 5월 들어 광주 학살의 책임을 요구하는 시위가 격화됐다. '진상 규명과 책임자 처벌'을 요구하는 시위가 최고조에 달했던 5월 17일, 전국 80개 대학 총 3만 8000여 명의 학생이 교내외 시위를 벌였다. 1500여 명이 철야 농성 투쟁을 벌였다. 1985년 5월 서울 미국 문화원 점거 농성을 계기로 유화 국면은 끝났다. 그러자 구속 학생 수가 급격히 늘어나기 시작했다. 1986년 이후 공안 당국은 민주화 운동권에 대한 일상적 감시와 미행을 강화하고, 걸핏하면 가택 연금을 했다.

1986년 학생 운동 세력은 큰 타격을 입었다. 전두환 정권의 폭압이 본격화됐고, 학생 운동은 위축됐다. 제도권 야당과 학생 운동권이 충돌한 5·3 인천 사태(127쪽 참고), 학생 1288명이 구속된 10월 건대 항쟁 등으로 학생 운동권은 큰 타격을 입었다. 당시 공안 당국자가 "학생 운동은 향후 10년 동안 재기하지 못할 것이다"라고 말할 정도였다. 1987년 6월 민주항쟁 직전까지도 일부 활동가는 상황을 대단히 비관적으로 전망했다.

1986년 10·28 건대 항쟁은 1980년대 학생 운동에서 가장 중요한 분기점이 되는 사건이었다. 10·28 건대 항쟁은 '전국반외세반독재애국학생투쟁연합(이하 '애학투련')'의 결성식을 경찰이 과잉 진압하고 이들을 용공 세력으로 몰아 당시 학생 운동과 민주화 운동 세력을 동시에 괴멸하려는 전대미문의 사건이었다. 학생들은 장기간 농성할 계획이 없었는데 8000명의 경찰이 건물을 에워쌌다. 급기야 헬기와 소방차까지 동원한 진압 작전으로 총 1525명이 연행되고 1288(추가 구속 23명)명이 구속됐다. 단일 사건으로는 건국 이후 최다 구속자를 기록했다.

학생 운동은 사상 유례없는 대량 구속 사태와 정권의 이데올로기 공세로 위축됐다. 정권은 '친북 좌익분자의 난동'으로 선전하며 학생 운동 진영을 고립시켰다. 강력한 언론 통제와 반공 이데올로기 때문에 주요 언론은 이들을 "**좌경 용공 분자**", 쉽게 말해 '빨갱이'로 묘사했다. 학생 운동은 크게 휘청였다.

하지만 건대 항쟁의 패배는 학생 운동이 새롭게 도약하는 계기가 됐다. 남은 지도부는 이전의 소수 조직원 동원 방식의 한계를 뼈저리게 느끼면서 대중 조직인 과 학생회와 동아리를 중심으로 학생 운동의 확장을 도모했다. 재앙에 가까운 참화를 겪으며 대중적 학생 운동이 태어난 것이다. 1986년 겨울, 학생 운동의 비대중성에 대한 반성이 이루어졌다. 이윽고 과격한 급진적 투쟁으로 대중과 멀어졌던 학생 운동권은 1987

파송송

좌경 용공 분자란?

좌경은 공산주의 등의 좌익 사상에 기울어진 상태를 뜻하고, 용공은 공산주의의 주장을 받아들이거나 그 정책에 동조하는 일을 의미한다. 분자는 사람을 가리킨다. 그러니까 좌경 용공 분자는 공산주의에 경도된 사람이라고 보면 된다. 좌경 용공 분자와 비슷한 의미로 좌익분자도 쓰인다. 좌익분자는 일반적으로 공산당에 속한 사람을 이른다. 공산주의는 사회 운동에서 급진적 진영에 속한다고 볼 수 있다.

년 서울지역대학생대표자협의회에서 운동 방향을 바꾸기에 이르렀다. 급진 노선을 버리고 대중 노선을 택했다.

학생 운동의 대중 노선 선회는 민주화 운동 세력에도 영향을 미쳤다. 1986년은 한국 민주화 운동의 초점이 개헌 운동으로 옮겨간 시기이기도 했다. 6월 민주항쟁의 지도부였던 민주헌법쟁취국민운동본부는 학생 운동의 이런 변화를 감안해 항쟁의 목표와 투쟁 방식을 크게 하향 조정했다. 모두 동의하고 동참할 수 있는 목표를 세우는 일은 무엇보다 중요했다. 항쟁의 참여자가 공동의 목표 아래 하나로 힘을 모았기 때문에 6월 민주항쟁은 성공할 수 있었다.

나라를 뒤흔든 사진 한 장

박종철 고문치사를 계기로 힘을 합친 민주화 세력은 6월 10일을 예정일로 하는 대규모 항쟁을 준비했다. 6월 10일로 예정된 '박종철 군 고문 살인 조작·은폐 규탄 및 호헌 철폐 국민 대회'를 앞두고 학생들은 연일 크고 작은 시위를 이어갔다. 그런데 국민 대회 하루 전날인 6월 9일 연세대학교 교문 앞에서 한

학생이 최루탄에 맞아 크게 다치는 사고가 벌어졌다. 학생 운동이 격렬해진 1984년 이후 전두환 정권은 시위대를 해산하기 위해 최루탄을 난사했다. 그 과정에서 이런저런 불상사가 일어났고, 기어이 불행한 희생이 발생한 것이다.

최루탄에 맞아 쓰러진 이가 바로 이한열이다. 이한열은 박종철과 함께 6월 민주항쟁의 불길을 들불로 바꾼 인물이다. 이한열은 최루탄을 피해 교내로 뛰어가다 뒤통수에 최루탄을 맞았다. 병원 응급실에 실려 갈 때까지 의식이 있었던 이한열은 "내일 시청에 나가야 하는데…"라는 마지막 말을 남기고 의

계란탁

이한열이 본 비디오테이프

이한열이 대학에 입학한 해인 1986년의 5월 서울 명동성당에서는 '광주 비디오'가 열흘간 상영됐다. '광주 비디오'로도 불린 〈오 광주!〉는 뉴욕 교민인 박상증 목사와 뉴욕 한인회 단체인 민주구락부의 민승연 회장이 주축이 되어 1981년 5월 제작됐다. 교민에 의해 국내로 밀반입된 이 비디오는 대학과 성당을 중심으로 비밀리에 배포됐다. 이한열은 대학 신입생 때인 1986년 광주 학살에 관한 비디오와 사진을 접했다. 학살이 벌어진 지 6년이 지나서야 '5월 광주'의 진상을 알게 됐다.

식을 잃었다. 혼수상태에 빠진 이한열의 소식이 알려지고 그가 피 흘리는 사진이 공개되면서 대학생뿐만 아니라 시민의 분노가 들끓었다. 사진을 본 사람들이 들고일어났다.

공교롭게도 6월 민주항쟁이 시작되는 시점에 일어난 이한열의 최루탄 피격은 항쟁 열기를 더욱 고조했다. 이 사건을 계기로 마음으로만 지지하던 이들까지 거리로 뛰쳐나오게 됐다. 박종철 고문치사 사건과 함께 정권에 대한 시민의 분노가 폭발했다. 박종철의 죽음이 6월 민주항쟁의 도화선이었다면 이한열의 피격은 기폭제가 됐다. 행동하는 시민 속에서 박종철과 이한열은 부활했다.

반미 투쟁과 6월 민주항쟁

반미 투쟁

학생 운동은 여러 이념과 노선을 거쳐 왔지만, 6월 민주항쟁
과 관련해서 중요한 부분은 반미 투쟁이었다. 5·18 이후 학살
에 대한 미국 책임론이 제기됐다. 그것은 미국 관련 기관에 대
한 일련의 테러로 이어졌다. 가장 많이 알려진 사건은 1982년
3월 18일에 벌어진 부산 미국 문화원 방화 사건이었다. 20대
초반의 대학생들이 미국 문화원에 불을 질렀다는 뉴스에 사람
들은 큰 충격을 받았다. 1970년대까지만 해도 한국은 반미의

무풍지대였기 때문에 충격이 더 컸다.

    미국을 향한 분노에서 시작된 반미 투쟁은 다양하게 벌어
졌다. 강원대학교 성조기 소각 사건(1982), 광주 미국 문화원
2차 방화(1982), 대구 미국 문화원 폭발 사건(1983), 부산 미국
문화원 투석 사건(1985), 서울 미국 문화원 집단 점거(1985), 부
산 미국 문화원 집단 점거(1986) 등 미국의 책임을 묻고자 벌
인 일련의 사건이 발생했다. 1986년에는 서울대학교 학생 김
세진, 이재호가 대학생의 전방 입소 훈련 반대 시위 중 '**양키
용병 교육 전방 입소 결사반대**'를 외치고 분신자살했다.

    1986년은 반미 투쟁의 분기점이었다. 1985년 미국 문화원
점거 농성 때만 해도 겉으로는 '우리는 반미가 아니다'라고 했

깨두기

양키란?

미국인을 낮춰 부르는 표현이다. 원래는 뉴잉글랜드 원주민
의 이름이었으나, 미국 독립 전쟁 때 영국인이 미국인을, 미
국 남북 전쟁 때 남군이 북군을 비하하며 부르던 것에서 유래한
명칭이다.

다. 그런데 1986년 김세진, 이재호가 반미를 외치며 분신 사망한 이후 운동권에서는 대놓고 반미를 주장했다. 1986년 10월 28일부터 건국대학교에서 29개 대학 2000명의 대학생이 모여 농성한 애학투련 점거 농성, 이른바 '건대 항쟁'이 발생했다. 여기에서 '반미, 자주, 통일', '미제 축출', 즉 미국 제국주의 축출 등의 구호가 나왔다.

반미의 뿌리, '5월 광주'

그러나 부산 미국 문화원 방화 사건은 운동권 내부에서는 어느 정도 예견된 일이었다. 5·18을 겪으면서 민주화 세력은 미국이 민주주의의 지원국인가를 두고 깊은 회의에 빠졌다. 미국은 한국군에 대한 작전 통제권을 가지고 있었다. 즉 미국의 승인 없이는 군대를 함부로 이동할 수 없었다. 그렇다면 5·18의 진압은 미국의 승인 또는 묵인 아래 가능했을 것이다. 운동권에서는 신군부의 무력 진압에 미국의 책임이 크다고 판단했다.

1980년 3월 새 학기가 시작되자 대학가에 학생회 부활, 어용 교수 퇴진 등 학내 자율화 투쟁이 활발해졌다. 4월에 들어서면서 학내 자율화 투쟁은 '병영 집체 훈련 거부 투쟁'으로 이어졌다. 당시에는 대학교 1학년 때 5박 6일 동안 군사 훈련을 받아야 했다. 이를 '병영 집체 훈련'이라고 했다. 5월이 되자 학생 운동은 민주화 투쟁에 집중했고 학내에서 크고 작은 시위가 열렸다. 학생들은 가두시위를 준비했다. 이에 정부는 5월 7일 시위 진압을 위한 군대 동원을 미국에 통지했다. 다음 날 미국 국무부는 "한국 정부의 법질서 유지를 위한 비상 계획에 반대하지 않겠다"라고 회신했다.

5월 17일 7공수여단 33대대와 35대대가 각각 전남대학교와 조선대학교에 배치됐고, 18일 오후 11공수여단과 19일 오

한국인은 들쥐?

1980년 8월 8일 존 워컴 주한 미군 사령관이 "한국인의 국민성은 들쥐와 같아서 누가 지도자가 되든 그 지도자를 따라갈 것이며, 한국인에게는 민주주의가 적합하지 않다"라고 말한 사실이 알려지면서 운동권은 크게 격앙됐다. 어떻게든 미국에 경고해야 한다는 목소리가 점점 커졌다.

전 3공수여단 5개 대대가 광주에 증파됐다. 공수부대는 '계엄 해제'를 외치는 시위대를 무자비하게 진압했다. 5·18 기간에 미국은 군대를 동원한 비상 계획에 반대하지 않았다. 공수부대를 동원한 과잉 진압이 분명했는데도 말이다. 미국의 태도는 5·18을 계기로 미국에 대해서 다시 생각하게 만들었다.

반미 자체가 중요한 것은 아닐지 모른다. 1980년대 내내 이어진 대학생의 반미 투쟁이 미친 영향 때문에 반미에 주목하는 것이다. 미국은 1980년대에 들어서 달라지기 시작한 한국인의 대미(對美) 의식 변화, 특히 반미주의의 부상을 주의 깊게 봤다. 5·18 이후 싹튼 반미 움직임은 6월 민주항쟁에 이르러 미국이 한국에 대한 정책을 원점에서 재고하게 만들었다.

계란탁

미국은 왜 그런 선택을 했을까?

미국이 독재가 좋아서 그런 선택을 한 건 아니다. 미국은 독재 정권일지라도 그 정권이 반공(反共)에 동조한다면 지원하는 지극히 현실주의적인 노선을 택했다. 미국은 민주 정부 수립보다 군사 안보를 우선시했고, 그 결과 신군부의 유혈 진압을 용인 또는 묵인했다.

이는 6월 민주항쟁 국면에서 한국 정부에 어떤 입장을 취할지 결정하는 데 영향을 미쳤다.

반미와 6월 민주항쟁

6월 민주항쟁 기간 전두환은 군대 투입을 고려했다. 경찰력만으로 시위 진압이 어려워지자 전두환은 군대 동원을 검토했다. 6월 14일부터 19일까지 상황은 급박하게 돌아갔다. 6월 14일 전두환은 군·치안 책임자 회의를 열어 군 지휘관들에게 시위 진압을 위한 병력 출동 준비를 지시했다. 6월 19일에는 전두환이 안기부장, 국방부 장관, 육해공군 참모총장 등을 청와대로 불러 비상조치 발동을 전제로 구체적인 병력 배치 계획을 하달했다. 계획이 취소되지 않는 한 5·18 때처럼 끔찍한 학살이 벌어질 수 있는 상황이었다.

다행히도 최종적으로 군대는 투입되지 않았다. 6월 19일 오후 4시 30분경, 군을 동원한 시위 진압 계획이 돌연 중단됐다. 군 동원을 막는 데는 미국이 결정적인 역할을 했다. 미국은 여러 방법과 경로로 군 개입에 반대했다. 항쟁의 열기가 한창 들끓던 6월 16일 미국 국무부는 "한국 사태가 대화를 통해 해결되길 바란다"라고 발표했다. 미국 하원 외교위원회 아시아·태평양 소위원회 역시 집권당과 야당의 대화를 촉구하는 결의문을 채택했다.

결정적 한 방은 6월 19일에 나왔다. 그날 오후 2시, 제임스 릴리 주한 미국 대사가 전두환 대통령을 면담하며 레이건 대통령의 친서를 전달했다. 릴리 대사는 "군의 개입은 한미 동맹을 위협하고 1980년 5·18의 재발을 초래할 것"이라고 단호히 말했다. 연이어 한국을 찾은 조지프 더윈스키 국무차관이나 개스턴 시거 동아시아 태평양 담당 차관보 등도 군 개입은 적절한 해결책이 아니며, 미국 정부는 평화적 해결을 원한다고 말하는 등 공개적인 압박을 이어갔다. 이러한 미국의 태도는 5·18 때와 극명한 대조를 이뤘다. 5·18 때 미국은 철저히 방관자적 자세를 취했다.

물론 다른 중요한 요인이 더 있었지만(이에 대해서는 뒤에서 다루도록 하겠다), 군 투입을 막는 데 미국의 개입이 적지 않은 영향을 미친 것은 분명한 사실이다. 그때 군이 움직였다면 군의 총칼을 이겨내고 6월 민주항쟁은 승리할 수 있었을까? 장담하기 어렵다. 5·18과 같은 비극이 벌어지지 말라는 법이 없다. 다행히 군은 투입되지 않았다. 미국의 압박이 결정적이었다. 그 배경에 바로 반미가 자리하고 있었다. 미국은 한국 내에서 확산하는 반미 움직임에 촉각을 곤두세웠다. 1980년 광주에서 벌어졌던 일이 되풀이되는 것을 원치 않았다.

그때 군대를 투입했다면 어떻게 됐을까? 경찰과 군대는 그 성격이 전혀 다르다. 경찰은 사람을 죽이는 게 임무가 아니다. 치안, 즉 사회의 안녕과 질서를 유지하는 데 존재 이유가 있다. 범죄자를 잡을 때도 범죄자가 죽을 정도로 패거나 무기를 사용하지는 않는다. 극히 예외적 상황을 제외하면 말이다. 군대는 경찰과 전혀 다르다. 군대의 존재 이유는 국가 수호다. 적이 쳐들어오면 맞서 싸워야 한다. 즉 적을 막는 게 그들의 주된 임무다. 불가피하게 사람을 죽일 수밖에 없다. 군대의 훈련도 적을 섬멸하는 데 초점을 맞춘다. 그런 군대의 총칼이 적이 아니라 자국민을 향하면 어떻게 될까? 집단 학살이 벌어진다. 1987년 6월의 한반도는 학살의 갈림길에 놓여 있었다.

#펄펄 끓이기
자유! 타는 목마름으로 외치다

국본의 탄생
항쟁의 서막

6월 민주항쟁으로 가는 길

박종철의 죽음 이후 추도회와 평화 대행진이 계획됐다. 민청련 의장 김근태가 남영동 대공분실에서 혹독한 고문을 받고 나서 1985년 발족한 '고문 및 용공 조작 저지 공동대책위원회(이하 '고문공대위')'는 2월 7일 '고 박종철 군 국민 추도회'와 3월 3일 '고문 추방 국민 대행진'을 잇달아 개최하기로 했다. 3월 3일은 박종철이 사망한 지 49일째 되는 날이었다. 정부는 두 집회를 불법 집회로 판단하고 원천 봉쇄했다. 3월 2일 밤부터 전국에 갑호 비상령(경찰청장이 대규모 집단사태로 치안질서가 극도로 혼란해지거나 계엄이 선포되기 전 등의 상황에서 경찰 전원이 비상근무를 명령하는 가장 높은 단계의 비상령)을 내리고 6만 명의 경찰 병력을 배치했다.

그러나 원천 봉쇄도 소용없었다. 3월 3일 서울, 부산, 대구, 광주, 대전, 전주 등 주요 도시에서 박종철 49재와 고문 추방 국민 대행진이 열렸다. 경찰은 독재 타도와 직선제 개헌을 외치는 시위대를 진압하며 439명을 체포했다. 이전과 달리 시위 현장에 시민의 참여가 눈에 띄게 늘어났다. 시민은 시위 대열에 박수와 환호를 보냈고, 일부는 직접 참여했다. 국민 추도회와 국민 대행진을 거치면서 민주화 진영은 독재의 사슬을 끊고 자유와 민주화를 쟁취할 수 있다는 자신감을 얻었다. 두 행사는 6월 민주항쟁으로 가는 길을 열었다.

그 와중에 4월 13일 호헌 조치가 발표됐다. 정부는 "여야가 헌법안에 합의하면 개헌할 용의가 있었지만, 야당의 억지로 그것이 불가능하기 때문에 부득이하게 현행 헌법을 고수할 수밖에 없다"라고 발표했다. 시민은 분노했다. 타오르는 불에 기름을 부은 격이었다. 분노는 거대한 물결이 되어 온 나라를 뒤 덮었다.

물론 정반대로 호헌에 찬성하는 이들도 있었다. 전국경제 인연합회(전경련), 대한상공회의소, 한국무역협회, 한국경영자 총협회, 이북5도민회중앙연합회, 실향민호국운동중앙협의회, 한국반공연맹, 대한노인회 같은 보수 관변 단체가 호헌 지지 에 나섰다. 특히 한국노동조합총연맹은 1972년 10월 유신 지 지에 이어 4·13 호헌 조치까지 지지했다. 대부분의 신문과 방 송 역시 호헌 조치를 긍정적으로 보도했다.

꽉두기

헌법을 지킨다는데 분노?

호헌은 '헌법을 지킨다', '(기존) 헌법을 고수한다'는 뜻이다. 헌법을 지킨다는데 사람들은 왜 분노했을까? 당시 헌법은 국민 대신 대통령 선거인단이 대통령을 뽑도록 규정했다. 앞에서 설명한 간접 선거였다. 국민은 선거인단이 아니라 국민 이 직접 대통령을 뽑기를 원했다. 전두환이 국민의 바람을 거스르고 기존 헌법을 고수한다고 했으니, 저항이 있을 수밖에 없었다.

정국이 격랑 속으로 빨려들던 5월 천주교정의구현사제단이 박종철 고문치사 사건이 축소·조작됐다는 사실을 폭로했다. 폭탄과 같은 폭로였다. 사제단의 폭로는 언론의 주목을 받지 못하다가 5월 22일《동아일보》에 '범인 축소 조작 모의'가 대대적으로 보도되면서 파장을 불러왔다. 결국 정부는 민심수습을 위해 큰 폭의 개각을 단행했다. 안기부장 장세동을 비롯한 강경파가 물러났고, 이는 6월 민주항쟁에 유리하게 작용했다. 정부가 국민을 속였다는 사실에 정국이 크게 요동쳤다. 사제단의 폭로로 전두환 정권은 도덕성에 큰 타격을 입었고, 민주 세력은 큰 힘을 얻었다.

국본 아래 뭉치다

전두환 정부에 비판적이었던 모든 세력의 입장과 생각이 같은건 아니었다. 전두환 정권은 개헌 문제에 대한 민주화 운동 각진영의 입장 차이를 이용했다. 이른바 '분리해 통치하기' 전략이었다. 그로 인해 1986년 5·3 인천 사태 이후 야당과 재야 운동권 간의 소통과 교류가 거의 끊기다시피 했다. 1985년 9월김근태 민청련 의장에 대한 고문을 계기로 꾸려졌던 고문공대위는 광범위한 세력을 아우르는, 거의 유일한 단체였다. 야당과 재야 운동권은 1986년 권인숙 성고문 사건과 1987년 박종철 고문치사 사건을 거치면서 단단히 묶였다. 이런 결속은 이후 민주헌법쟁취국민운동본부(이하 '국본')를 출범하는 데 지렛대 역할을 했다.

1987년 5월 20일 야당과 재야 세력, 종교 단체 등의 대표가 비밀리에 모임을 갖고 국본 결성을 합의했다. 범국민적 민주 대연합이 성사된 것이다. 거의 모든 민주화 세력을 아우른 국본은 시민 사회와 정치 사회가 함께하는 반독재 연합 기구였다. 민주통일민중운동연합('민통련')과 통일민주당이 주축이 된 국본에는 정당, 재야, 종교계, 학생 운동권 등 각계각층의

파·송·송

5·3 인천 사태란?

1986년 5월 3일 인천에서 신민당의 '직선제 개헌 1000만 명 서명 운동' 인천 및 경기도 지부 결성 대회가 무산된 사건이다. 4000여 명의 학생·노동자·재야인사 등이 오후 1시부터 다섯 시간 동안 격렬한 시위를 벌였고, 경찰이 무력으로 시위를 진압했다. 운동권의 격렬한 시위와 이에 맞선 공권력의 무력 진압으로 행사는 파행을 맞았다.

단체 대표가 참여했다.

국본 결성을 합의한 5월 20일에서 일주일 뒤인 5월 27일 종로구 기독교회관(현재 '향린교회')에서 거의 모든 민주 세력을 총망라해 국본 발기인 대회를 열었다. 발기인은 정치인 213명, 지역 대표 352명, 종교계 683명, 각계각층 대표 943명으로 총 2191명이었다. 실제 참석자는 150여 명이었는데, 경찰을 따돌리고 대회를 마쳤다. 부문별 재야 민주화 운동 단체, 종교계, 야당이 힘을 모아 해방 후 가장 큰 조직인 국본이 만들어졌다.

국본이 탄생하면서 6월 민주항쟁을 이끌 전국 규모의 단체가 생겨났다. 국본은 정치 세력과 사회 운동 세력의 결합으로 만들어진 조직이라는 점에서 정치 사회와 시민 사회의 연대

계란탁
국본 출신 대통령

국본 발기인에 속했던 이들 중 무려 네 명이 대통령에 당선됐다. 당선된 순서대로 김영삼, 김대중, 노무현, 문재인이 국본 출신 대통령이다.

기구라고 할 수 있다. 국본 내에서 양대 세력은 각자 다른 역할을 담당했다. 민주당이 중심인 정치 세력이 개헌이라는 투쟁 목표를 제시하고 전국적인 상징성을 대표했다면, 사회 운동 세력은 전국 조직망을 구축하고 전국 동시 시위를 진두지휘했다.

충청북도, 전라북도, 전라남도, 부산, 대구·경북 등에 이미 만들어진 지역 연합체가 국본이 출현하자 이름을 바꾸기 시작했다. 국본 충남 본부, 국본 경남 본부 등으로 이름을 바꾸고 국본의 지붕 아래 모였다. 전국의 거의 모든 지역이 각자 실정에 맞게 협의체나 연합체 등을 구성해 6월 민주항쟁 내내 국본의 지침을 따랐다. 학생 운동 세력은 공식적으로는 국본에 합류하지 않았다. 그럼에도 일부 지역에서는 국본의 지역 조직에 학생회 조직이 가입했고, 대부분의 지역에서 가입과 무관하게 국본과 긴밀히 협력했다.

국본이 중요한 이유

6월 민주항쟁 내내 국본은 실질적인 지도부로 기능했다. 국본은 민정당 대통령 후보 지명 대회 날인 6월 10일 전국적으로 동시에 '고문 살인 은폐 규탄 및 호헌 철폐 국민 대회'(이하 '6·10 국민 대회')를 열기로 결정했다. 6월 민주항쟁을 향한 항해가 시작된 것이다. 국본이 주관한 6·10 국민 대회, 6·18 최루탄 추방 대회, 6·26 평화 대행진 등은 6월 민주항쟁 기간 동안 가장 많은 시민이 참여한 항쟁의 꽃이었다.

국본은 6월 민주항쟁의 구심점 역할을 했다. 국본이라는 민주 대연합이 결성된 덕분에 6월 민주항쟁은 전국 각지에서 동시다발적으로 전개되고 많은 시민이 참여한 항쟁으로 발전할 수 있었다. 6월 민주항쟁의 주체에는 학생, 재야, 야당, 종교계 그리고 '넥타이 부대'로 대변되는 중산층이 있었고, 다른 한편으로 기본권조차 박탈당한 민중, 노동자 계급이 있었다. 입장과 상황이 저마다 다른 집단을 아우르는 국본이 있었기에 6월 민주항쟁은 순항할 수 있었다.

호헌 철폐, 독재 타도! 1987년 6월 민주항쟁 기간 중에 시민이 가장 많이 외친 구호는 단연 '호헌 철폐, 독재 타도'였다. 국본이 제시한 '호헌 철폐, 독재 타도', '직선제 개헌' 등의 구호는 모든 민주화 세력이 6월 민주항쟁에 한목소리로 참여할 수 있게 만든 중요한 매개체였다. '호헌 철폐, 독재 타도', '직선제 개헌'은 다양한 입장과 의견을 가진 운동 세력이 공통으로 동의하는 교집합이었다.

시위 참여자는 '호헌 철폐, 독재 타도'뿐만 아니라 '민주 헌법 쟁취하여 민주 정부 수립하자', '더 이상 못 속겠다, 거짓 정권 물러가라' 등 국본이 제안한 슬로건을 거의 그대로 사용했다. 또한 국본이 제안한 '국민 행동 요령', 가령 오후 6시 국기 하강식과 동시에 애국가 제창, 차량 경적 울리기, 교회와 사찰의 타종, 손수건이나 태극기를 흔들며 집결 장소에 모이기 등에도 많은 시민이 동참했다. 더 많은 시민의 참여를 유도하고자 제안된 비폭력 평화 집회 역시 대체로 지켜졌다.

들끓는 분노
항쟁의 시작

6·10 국민 대회

1987년 6월 10일, 정반대의 두 행사가 열렸다. 잠실체육관에서는 오전 10시부터 '민정당 제4차 전당대회 및 대통령 후보 지명 대회'가 열렸다. 전두환과 차기 대통령 후보로 지명된 노태우가 손을 맞잡고 환하게 웃었다. 노태우가 대통령 후보로 지명되는 그 시간, 민추협 사무실에서는 국본이 '4·13 호헌 조치 무효'를 선언했다. 국본은 국민이 국가 권력의 주체임을 강조하며 국민의 여망인 민주 정부 수립을 저버린 폭거를 규탄

했다.

정부는 시위를 막으려고 전국에 물샐틈없이 경찰 병력을 배치했다. 시위를 사전 차단하기 위해 갖가지 방법이 동원됐다. 택시와 버스의 경적을 떼도록 했고, 오후 6시에 시작하는 시위에 참여하지 못하게 하려고 직장마다 조기 퇴근을 독려했다. 서울 지하철 1, 2호선이 통과하는 도심의 역을 폐쇄해 열차가 정차하지 않고 통과하도록 했다. 시위대가 도심지에 모이지 못하도록 취한 조치였다.

국본은 '박종철 고문 은폐 조작 및 호헌 선언 반대 범국민대회'를 6시에 개최하기로 계획했다. 전 국민의 참여를 이끌어내려고 거사 시간을 퇴근 이후로 잡았다. 6시가 되자 고문을 추방하고 4·13 호헌 조치 무효를 요구하는 6·10 국민 대회가 열렸다. 경찰이 6·10 국민 대회를 막기 위해 1차 집결지인 대한성공회 서울성당을 원천 봉쇄했지만, 봉쇄 전에 미리 성당에 들어가 있던 국본 간부 20여 명은 '4·13 호헌 조치에 의한 대통령 후보 선출은 무효'라고 선언했다. 성당에서 애국가가 흘러나오고 종소리가 울려 퍼졌다. 해방 후 분단과 독재로 얼

룩진 42년의 세월을 끝내자는 의미로 42번의 종이 울렸다.

택시, 승용차가 천천히 움직이면서 경적을 울려 종소리에 응답했다. 시내버스에 탄 사람들은 손수건을 흔들었다. 종소리와 동시에 서울시청 등지에는 유인물이 뿌려졌다. 이내 서울시청 일대는 순식간에 인파로 뒤덮였다. 시위대에 밀린 경찰은 청와대와 세종로 정부종합청사 부근까지 물러나야 했다. 명동 주변은 그야말로 **해방구**가 됐다. 누구나 자유롭게 벽보를 붙이고 연설을 하는 해방구였다. 5000명이 넘는 학생과 시민이 '호헌 철폐, 독재 타도'를 외치며 을지로 사거리 인근을 점거했다. 전경이 시위대를 해산하면 흩어졌다 다시 모이기를 반복하는 숨바꼭질 시위가 밤늦게까지 이어졌다.

전국 각지에서 시민의 외침이 터져 나왔다. 부산에서는 밤

파두기

해방구란?

해방구란 한 국가 안에서 저항 세력이 중앙 권력의 지배에서 벗어나 저항의 근거지로 삼는 지역을 말한다. 국가 권력 같은 외부 간섭을 받지 않는 자유로운 공간을 비유하기도 한다.

10시까지 격렬한 시위가 벌어졌고, 한국과 이집트 대표 팀 축구 경기가 진행 중이던 마산에서는 경기장에 최루탄이 투척돼 경기가 중단되면서 시위가 커졌다. 화난 관중이 시위대에 합류했다. 인천에서는 노동자의 참여가 눈에 띄었다. 전국 22개 지역에서 동시다발로 전개된 국민 대회에 24만 명이 넘는 학생과 시민이 참여했다. 이전까지 방관자에 머물렀던 시민이 적극적 참여자로 변신했다.

명동성당 농성

시위를 막으려는 여러 조치와 서울에서만 2만 3000여 명이 동원된 경찰 병력으로도 시민의 분노를 잠재우기에는 역부족이었다. 서울을 비롯한 22개 지역에서 사람들이 거리로 쏟아져 나왔다. 엄청난 인파가 거리로 쏟아져 나올 거라고는 아무도 예상하지 못했다.

서울 신세계백화점과 퇴계로, 명동 근처에서 시위를 하던 학생·시민·노동자 800여 명이 경찰의 진압에 밀려 우연히 명동성당으로 모이게 됐다. 모여든 사람들은 곧바로 집행부를 꾸리고 농성을 시작했다. 성당 밖의 시민도 성당에서 농성 중인 사람을 지지하고 격려했다. 6월 10일 밤부터 15일까지 계속된 명동성당 농성은 온 국민의 관심을 집중시켜 6월 민주항쟁의 구심점 역할을 했다.

"수녀들이 나와서 앞에 설 것이고, 그 앞에는 또 신부들이 있을 것이고 그리고 그 맨 앞에서 나를 보게 될 것이다. 그러니까 나를 밟고 신부들을 밟고 수녀들까지 밟아야 학생들과 만날 것이다." 김수환 추기경이 한 말이다. 6월 12일 오전 4시, 40여 명의 신부가 서울 교구 사제단 회의를 열어 명동성당에서 농성하는 학생들을 끝까지 보호하겠다고 결의했다. 정부는 명동성당에 끝내 경찰을 투입하지 못했다. 추기경이 경찰 진입을 거부하는 상황에서 한국 가톨릭을 대표하는 장소인 명동성당에 경찰을 투입했다가 세계 가톨릭의 반발을 살 수 있었기 때문이다. 정부는 서울 올림픽을 앞두고 국제적으로 관심을 끄는 일을 만들고 싶지 않았다. 성당에 경찰을 투입하는 일은 전 세계 가톨릭을 자극할 수 있었다.

점심시간마다 명동성당 주변으로 넥타이 부대라고 불린 사무직 노동자가 학생과 함께 시위를 벌였다. 그런데 하루하루 시간이 갈수록 시민의 참여가 눈에 띄게 늘어났다. 명동 입구부터 신세계백화점까지 도로 주변으로 인근 직장인과 모여든 시민 수천 명이 '호헌 철폐, 독재 타도'를 외쳤다. 그들이 외치는 구호가 거대한 파도를 이뤘다. 그 파도가 사방으로 퍼져 6월 민주항쟁의 거대한 해일로 돌아왔다.

6월 15일 오후 8시 정의구현전국사제단 주최로 특별 미사가 열렸다. '나라의 민주화를 위한 특별 미사'였다. 특별 미사 후 1만 8000여 명의 종교인과 시민이 손에 촛불을 들고 명동 거리를 행진했다. 민주화를 바라는 촛불의 물결이었다. 촛불의 물결과 함께 6월 민주항쟁의 중심적인 투쟁이었던 명동성당 농성은 마무리됐다. 명동성당에서만 6일간 농성이 이어졌다. 명동성당 농성은 6월 민주항쟁이 전국적으로 확산하는 계기가 됐다.

거의 모든 계층이 참여하다

6·10 국민 대회가 열리기 직전인 6월 9일 이한열이 최루탄에

피격됐다. 이를 계기로 더 많은 시민이 거리로 쏟아져 나왔다. 전국 22개 시군구, 514곳에서 연인원 24만 명이 참여했다. 학생과 재야 세력뿐만 아니라 일반 시민, 노동자, 농민, 중소 상인, 도시 빈민, 고교생, 넥타이 부대로 불린 사무직 노동자, 택시 기사 및 운수업 종사자 등 거의 전 계층과 부류의 사람이 거리로 뛰쳐나왔다.

6·10 민주항쟁은 4월의 시국 선언 정국과 맞물려 있었다. 4월의 시국 선언 정국을 이끌었던 이들이 교수, 교사, 신부, 목사, 수녀, 승려, 의사, 간호사, 약사, 한의사, 작가·예술가, 변호사, 기자 등 주로 **중간층**이었던 것과 마찬가지로 6월의 가두시위 역시 이들 중간층과 학생이 주도했다. 물론 중간층과 학

중간층이란 공장 노동자와 자본가의 중간에 있는 화이트칼라를 말한다. 생활양식의 변화 속에서 대량으로 창출된 사무직 노동자(샐러리맨 층)뿐만 아니라 상인·공무원·프티 부르주아(노동자와 자본가의 중간 계급에 속하는 소상인, 수공업자, 하급 봉급생활자, 하급 공무원 등) 등을 포함하기도 한다.

생만 참여한 건 아니었다. 4월의 시국 선언 정국에 금융 노동자 등이 참여했고, 이들은 넥타이 부대라는 이름으로 6월 민주항쟁에도 동참했다. 항쟁이 이어지자 농민, 노동자 등 기층 민중도 속속 참여하기 시작했다.

6·10 국민 대회에는 정치인과 재야인사, 학생이 하나가 되어 시위를 벌였다. 일반 시민도 적극적으로 시위에 참여했다. 주요 도시에서 많은 차량이 경적을 울리며 시위대를 응원했다. '호헌 철폐, 독재 타도'의 함성이 전국에 울려 퍼졌다. 6·10 국민 대회는 시민이 대규모로 참여한 가운데 격렬하게 전개됐다. 이어서 6월 10일 밤부터 6월 15일까지 이어진 명동성당 농성과 이를 격려하고 지지한 넥타이 부대의 등장은 6·10 국민 대회를 6월 민주항쟁으로 진전시키는 역할을 했다.

거대한 물결
항쟁의 전개

최루탄 추방 대회와 국민 평화 대행진

6월 10일부터 14일까지 서울을 중심으로 시위를 벌였다면, 15일부터는 부산, 대전, 진주 등지에서 격렬한 시위를 벌였다. 지역의 주요 대학도 6월 15일을 기점으로 본격적인 시위를 시작했다. 명동성당 농성에 자극받아 6월 15일 전국 59개 대학에서 9만여 명이 시위를 벌였다. 경찰 발표로도 이날 전국에서 10만 명이 넘는 사람이 시위에 참여했다. 1987년 들어 최대 인원이 독재 정권에 저항한 셈이다. 전국적인 시위 확산은 공권력을 위협하기 시작했다.

6월 18일에는 경찰이 무차별로 쏘아대는 최루탄을 규탄하는 '최루탄 추방 대회'가 전국 각지에서 열렸다. 이한열의 최루탄 피격에 분노한 사람들이 최루탄 추방 대회에 참여했다. 이날 대회에는 6·10 국민 대회보다 더 많은 시민이 함께했다. 전국 16개 도시에서 150만여 명이 참가했다. 경찰력으로 통제하기 힘든 시위 규모였다. 40만 명이 참여한 부산 시위는 이날 시위의 압권이었다. 부산시민은 길바닥에서 교대로 휴식을 취하며 밤샘 시위를 벌였다. 경찰은 전국적으로 1500여 명이나 체포했지만, 시위를 통제하지 못했다.

계란탁

광주도 함께

6월 20일 조심스레 사태 추이를 지켜보던 광주시민이 드디어 들고일어났다. 이번만큼은 1980년과 달리 광주가 섬처럼 고립되지 않겠다고 확신한 광주시민 20만여 명이 거리로 쏟아져 나왔다. 목포, 순천, 여수 등 전라남도 지역의 도시에서도 수만 명이 시위를 벌였다. 6월 18일 시작된 전국적인 시위는 일요일인 6월 21일까지 이어졌다.

6월 26일 전국 34개 도시와 4개 군 280여 곳에서 180만 명이 참가하는 '민주 헌법 쟁취 국민 평화 대행진'이 열렸다. 6월 민주항쟁 중 시위에 참여한 인원이 가장 많았고, 역사상 시위 규모가 가장 컸다. 6월 10일 시위가 22개 도시에서 벌어진 것과 비교해 항쟁에 참여한 지역도 훨씬 넓어졌다. 한반도의 최남단 제주도 서귀포까지 항쟁의 열기가 옮아 붙었다. 전두환 정권은 서울에만 2만 5000명 등 전국 34개 지역에 6만여 명의 전투 경찰을 배치했다.

맨손으로 시위를 벌인 6·10 국민 대회와 달리 6월 26일부터 많은 시민이 도처에서 돌을 던졌다. 경찰의 최루탄에 맞서 시위대는 돌과 화염병을 들었다. 서울, 부산, 대구, 대전, 광주, 인천 등 대도시에서는 시가전을 방불케 하는 공방전이 벌어졌다. 최루탄과 화염병이 쉴 새 없이 오갔다. 격렬한 대규모 시위는 광주, 전주, 순천, 익산 등 호남 지방으로도 옮겨갔다. 남대문·안양 경찰서 두 곳, 파출소 29곳, 시청 등 관공서 네 곳 등이 시위대의 화염병 투척으로 파괴되거나 불에 탔다. 경찰 차량 20대도 파손됐다. 경찰은 전국에서 3467명을 체포했다.

6·26 국민 평화 대행진은 이제까지의 범국민 투쟁을 총결산하는 대규모 투쟁으로 전개됐다. 이날의 시위는 6월 민주항쟁 기간 중에 최대 규모의 시위였다. 여기저기에서 경찰이 밀릴 정도로 시위대의 기세가 거셌다. 광주, 전주, 성남, 익산을 비롯한 중소 도시에서는 시위대의 위세에 눌려 경찰이 물러서는 모습이 자주 목격됐다. 일부에서는 전투 경찰이 무장 해제를 당하기도 했다. 경찰 수를 훨씬 웃도는 사람들이 거리로 쏟아져 나오자 경찰은 속수무책이었다. 6·26 시위는 경찰력만으로는 시위를 막을 수 없다는 점을 보여줬다.

비상계엄과 군 개입의 긴장

전두환 정권이 시위 확산을 막기 위해 비상계엄을 내리고 군을 투입할 거라는 소문이 자자했다. 비상계엄설은 6·10 국민대회 때부터 제기되기 시작해 명동성당 농성과 부산 가톨릭센터 농성 등 시위가 격렬해질 때마다 심심찮게 흘러나왔다. 청와대 비서실이 군 투입설을 일부러 흘렸고, 언론은 이를 열심히 받아썼다.

경찰력에 기댄 시위 진압이 한계에 이르자, 전두환 정권은 군 투입을 적극적으로 검토하기 시작했다. 6월 14일 전두환은 군·치안 책임자 회의를 열어 군 지휘관들에게 시위 진압을 위한 병력 출동 준비를 지시했고, 이에 따라 국방부 법무관실은 계엄 포고령 문안까지 준비했다. 6월 18일 밤, 출동 명령에 대비하라는 지시가 국방부와 육해공군 본부에 내려왔다. 군 투입이 임박했다.

6월 19일이 되자 상황은 더 긴박하게 돌아갔다. 전두환은 경호실장을 통해 "19일을 넘기면 대세가 넘어갈 위험이 있다. 현 시점에서 군이 출동해 시위를 진압해야 한다"라는 2군 사령관의 의견을 보고받았다. 전두환은 "언론 통제를 포함한 비상조치권을 발동하도록 준비하라"라는 지시를 내렸다. 오전 10시 전두환은 안기부장, 국방부 장관, 육해공군 참모총장, 수방사령관, 보안사령관 등 고위 지휘관 회의를 열어 비상조치 발동을 전제로 군 병력 배치 계획을 시달했다.

이러한 조치는 18일의 예비 동원 명령을 정식 동원 명령으로 전환한다는 의미였고, 명령이 취소되지 않는 한 5·18 때처럼 시민과 군대의 정면충돌은 피할 수 없었다. 그러나 6월 19일 군 동원 계획은 갑자기 중단됐다. 여기에는 미국의 입김이 작용했던 것으로 보인다. 미국은 한국군의 작전권을 가지고 있었고 전두환 정권에 큰 영향력을 행사할 수 있었다. 따라서 미국의 태도는 군 출동에 중요한 변수였다.

앞에서 지적한 것처럼 6월 16일 미국 국무부는 대화를 통한 해결을 공개적으로 요구했다. 6월 18일 미국 하원 외교위원회는 여야 간 대화 재개를 촉구하는 한국 결의안을 채택했다. 이튿날인 6월 19일 오후 주한 미국 대사가 군의 개입이 한미 동맹을 위협할 수 있다고 경고했다. 이미 살펴본 바와 같이

파두기

군 지휘관도 반대!

상당수의 군 지휘관은 시위 진압에 군을 동원하는 것에 찬성하지 않았다. 실제로 6·10 국민 대회 이후 시위가 격렬해지자, 군 동원을 둘러싸고 지휘관 사이에 심각한 이견이 드러났다. 수도권의 몇몇 지휘관은 군 병력 동원을 강하게 주장했지만, 보안사령관을 비롯한 대다수 장성은 '군 출동 불가'의 반대 입장을 취했다. 군 내부의 강경파와 온건파의 의견 충돌은 군사 쿠데타를 걱정해야 할 만큼 심각했다.

이는 5·18 때와는 전적으로 다른 입장이었다. 미국이 군 투입을 적극적으로 막아선 데는 5·18의 영향이 컸다. 미국은 5·18 이후 싹트기 시작한 반미주의에 주목했다. 한미 동맹의 균열을 가져올지 모를 반미 감정 확산을 미국은 신경 쓸 수밖에 없었다.

시민의 힘

독재 세력이 항쟁을 진압하려고 군을 투입하고 군이 항쟁 진압에 성공할 때 항쟁은 좌절된다. 5·18이 그랬다. 군이 투입되더라도 시민이 끝까지 맞서 싸운다면 항쟁이 승리할 가능성도 있다. 그러나 승리를 장담하기 어렵다. 그렇게 본다면 6월 민주항쟁의 성공은 군 투입을 막은 데서 비롯했다. 1980년 광주와 달리 6월 민주항쟁에서는 군 투입이 최종적으로 중단되면서 항쟁은 성공할 수 있었다.

물론 여기에는 미국의 입김 같은 외적 요인만 있었던 건 아니다. 대규모의 전국적 항쟁이 결정적인 이유였다. 주요 도시가 항쟁으로 들끓고 수십만 명이 항쟁에 참여할 때, 군대 투입은 큰 부담이 된다. 군 투입이 자칫 대규모 유혈 사태로 이어질 수 있고, 더 나아가 군 내부의 분열로 내전이 발생할 수도 있다. 민주화를 요구하는 시민의 요구가 광범위하게 퍼져 있다면 사병들이 시민 편으로 넘어갈 가능성도 있다. 내전이든 사병의 투항이든 독재 정권 입장에서는 최악의 결과가 아닐 수 없다.

5·18 때는 광주와 그 주변 지역만 진압하면 그만이었지만, 6월 민주항쟁은 전국에서 동시다발로 전개됐던 탓에 군대를 동원하더라도 진압이 쉽지 않았다. 무엇보다 1980년 광주에서 끔찍한 학살을 저지른 군사 정권으로서는 6월 민주항쟁을 또다시 무력 진압하는 것에 큰 부담을 느꼈을 것이다. 그때보다 훨씬 더 큰 규모로 전국 곳곳에서 시위가 벌어졌던 탓에 자칫 큰 인명 피해가 발생할 수 있었다. 경찰력으로 막기 어렵고 군 투입도 힘들다고 판단한 전두환 정권은 결국 항복 선언을 준비했다.

6·29 선언
항쟁의 종결

6·29 선언

여기저기서 터져 나오는 시위의 물결을 막아내기가 점점 더 힘들어졌다. 전국적 동시다발 시위는 경찰력을 분산했다. 경찰 병력이 분산되면서 시위 대응은 더욱 어려워졌다. 4·19 혁명만 하더라도 1960년부터 1961년까지 195건의 시위와 연인원 56만 명이 참여했다. 총인구 대비 2.21퍼센트였다. 6월 민주항쟁은 1984년부터 1987년까지 3699건의 시위와 연인원 318만 명이 참가했다. 총인구 대비 7.75퍼센트에 달하는 규모였다.

시위는 전국적으로 수일간 이어졌다. 광주, 여수, 순천, 익산, 인천 등지에서는 중고교생이 시위에 참가했고, 인천, 부산, 안양, 성남, 서울 구로와 영등포 공단 지역에서는 노동자가 합류했다. 경찰은 6월 민주항쟁 동안 67만 발 이상의 **최루탄**을 발사했다. 경찰이 사용한 최루탄의 양으로 미루어보면 서울, 광주, 부산의 시위가 격렬했다.

대내외의 강력한 민주화 압력에 부닥친 전두환 정권은 차선책을 꺼내들었다. 국민의 저항에 직면한 정권은 마침내 6·29 선언을 발표했다. 민정당의 노태우 후보가 대통령 직선제 수용, 김대중의 사면 복권, 국민의 기본권 신장, 언론 자유

최루탄

최루탄은 1975년부터 국내에서 생산되기 시작했다. 10년 만에 한국은 세계에서 가장 독한 최루탄을 가장 많이 만들어 사용하는 나라가 됐다. 최루탄은 독재의 상징이었다. 1998년 김대중 정부가 들어선 이후에야 최루탄은 집회 현장에서 사라졌다.

보장 등 8개 항을 담은 6·29 선언을 발표했다. 1972년 제정된 유신 헌법 이후 16년 만에 국민의 손으로 대통령을 뽑을 수 있는 직선제 개헌을 쟁취했다. 오로지 시민의 힘으로 대통령 직선제를 쟁취한 것이다.

① 대통령 직선제로 개헌하고, 새 헌법에 의한 대통령 선거를 통해 1988년 2월 평화적 정부 이양을 실시한다.

② 직선제 개헌뿐만 아니라 민주적 실천을 위해 자유로운 출마와 공정한 경쟁이 보장되도록 대통령 선거법을 개정한다.

③ 국민적 화해를 위해 김대중 씨 등을 사면 복권하고 시국 관련 사범들을 석방한다.

④ 국민의 기본권을 최대한 신장시키기 위해 제도적 개선을 촉구하며 인권 침해 사례의 즉각적 시정을 통해 실질적인 효과를 거둔다.

⑤ 언론 자유의 창달을 위해 관련 제도와 관행을 획기적으로 개선하며 언론의 자율성을 최대한 보장한다.

⑥ 사회 각 부문의 자치와 자율을 최대한 보장한다. 지방 자치제와 대학의 자율화 및 교육 자치제를 조속히 실현한다.

⑦ 정당의 활동을 보장하며 대화와 타협의 정치 풍토를 마련

한다.

⑧ 밝고 맑은 사회의 건설을 위해 과감한 사회 정화 조치를 강구한다. 서민 생활 침해 사범을 척결하고 고질적인 비리와 모순을 과감히 시정한다.

항쟁의 들불이 걷잡을 수 없이 커지자 결국 지배 세력은 6·29 선언의 형태로 호헌 조치를 철회하고 직선제를 수용하기에 이르렀다. 호헌 조치를 스스로 포기하는 항복 선언이었다.

6·29 선언과 개헌에 대한 평가

6·29 선언이 발표되자 요구 조건을 약속받은 야당은 물론이고 국본도 6·29 선언을 환영했다. 6월 30일 국본은 〈국민에게 드리는 글〉을 통해 6·29 선언에 대한 환영 성명을 발표했다. 시민도 6·29 선언을 적극 환영했다. 미국 하원에서도 6·29 선언을 지지하는 결의안을 채택했다. 직선제 개헌을 쟁취하자 투쟁 열기는 빠르게 식었고 정치권은 선거로 달려갔다. 6·29 선언에 이어 여야 합의로 개헌안이 의결됐다. 개헌안은 10월 27일 국민 투표에서 93.1퍼센트라는 높은 찬성률로 확정됐다.

6월 민주항쟁은 상대적으로 짧은 기간에 큰 인명 피해 없이 절차적 민주주의를 쟁취하는 데 성공했다. 대한민국은 주권자인 국민 다수가 원하면 평화적이고 합법적으로 정권을 교체할 수 있는 나라가 됐다. 시민이 힘을 모아서 이룬 성취였다. 직선제 개헌으로 마침내 제6공화국이 탄생했다. 오늘날의 정치 질서를 규정하는 헌법이 제정된 것이다. 바뀐 헌법 제67조는 "대통령은 국민의 보통·평등·직접·비밀 선거에 의하여 선출한다"라고 규정한다. 이 헌법에 따라 직선제 대통령 선거가 실시됐다.

지금의 헌법이 완전무결한 것은 아니지만, 현행 헌법은 국민의 기본권을 보장한 민주적 헌법이다. 제10조부터 제37조까지 신체의 자유와 표현의 자유, 노동 3권과 집회·결사의 자유 등을 명확하게 보장하고 있다. 대통령의 권한을 축소하고 국회와 사법부의 권한을 확대해 권력을 분산하고 상호 견제하도록 했다. 국회의 **대통령 탄핵 소추권**을 보장해 잘못한 대통령을 민주적 절차로 권좌에서 끌어내릴 수 있도록 했다. 법관의 독립성을 높였고 헌법 재판소를 설치했다. 군의 정치적 중립도 분명히 못 박았다.

물론 한계도 있었다. 정치적 민주화에 치중한 탓에 사회 경제적 민주화에 소홀했다. 6·29 선언은 집권 세력이 야당과 중산층의 직선제 요구를 받아들인 타협의 결과였다. 따라서 6월 민주항쟁은 비민주적 잔재를 완전히 청산하지 못했다. 절차적 민주주의의 토대는 마련했지만, 실질적 민주주의와는 거리가 있었다. 헌법에 최저 임금제, 적정한 소득 분배, 독과점 방지 등 경제 민주화에 대한 조항이 있긴 하지만, 사회 경제적 민주화가 충분히 반영되진 못했다. 기본권, 노동권, 경제 민주화 등과 관련해 보다 진보적인 목소리가 담기지 못했다. 또한 오랫동안 쌓아온 비민주적 악법도 폐기하지 못했다.

계란틱

대통령 탄핵 소추권이란?

탄핵 소추권은 공무원의 위법이나 위헌 행위에 대해서 탄핵을 발의하여 파면을 요구할 수 있는 국회의 권리를 말한다(헌법 제65조). 탄핵 대상에는 대통령도 포함된다. 대통령의 경우 국회 재적 의원 과반수의 발의와 재적 의원 3분의 2 이상의 찬성이 있어야 탄핵이 가능하다. 국회에서 탄핵안이 가결되면 헌법재판소가 탄핵할지 말지를 결정한다. 이를 탄핵 심판이라고 한다.

항쟁의 마무리

마치 6·29 선언을 기다렸다는 듯이 며칠 뒤인 7월 5일 이한열이 끝내 숨을 거뒀다. 민주화의 열망과 승리를 위해 버텨온 것처럼.

7월 9일 이한열의 장례식은 연세대학교 총학생회가 주관해 '민주 국민장'으로 거행됐다. 이한열의 학과 동기 24명과 이한열이 생전에 소속됐던 만화사랑 동아리 회원 16명이 유해를 영결식장으로 옮겼다. 오전 9시 연세대학교에서 거행된 영결식에는 7만여 명이 참석했다. 조사(弔詞)를 낭독하려고 단상에 오른 문익환 목사가 민주화를 위해 싸우다 희생된 25명의 열사 이름을 목 놓아 부르짖었다. 이어서 이한열의 어머니가 절규하며 살인 정권을 규탄하자 많은 추모객이 목메어 울었다.

이한열이 최루탄을 맞고 쓰러진 지 꼭 한 달 만에 운구차는 피격된 연세대학교 교문을 지나 서울시청으로 향했다. 10만 명이 장례식을 보기 위해 신촌 로터리에 모였고, 모인 이들은 시청으로 향하는 운구 행렬을 따라가며 '독재 타도, 민주 쟁취'를 큰 소리로 연호했다. 아침부터 모여든 시민으로 시청 주변 도로는 마비됐다. 수많은 인파를 뚫고 운구 행렬이 움직였다. 운구 행렬이 시청 광장에 들어서자 20만 명의 시민이 묵념으로 맞이했다. 시청 주변 빌딩에선 사람들이 하얀 손수건을 흔들었다.

서울시청 광장, 서울역 광장 등에 엄청나게 많은 인파가 모였다. 추모 인파는 서울 100만 명, 광주 50만 명 등 전국적으로 총 160여만 명에 달했다. 추모제가 마무리된 후 이한열의 시신은 광주로 떠났다. 이한열의 시신은 5·18 사망자가 묻힌 광주 망월동 묘역에 안장됐다. 영결식이 끝나고 경찰이 해산을 명령하면서 최루탄을 쏘자 시민은 조용히 흩어졌다. 이한열의 장례식은 6월 민주항쟁의 에필로그와 다르지 않았다.

결

#끓인 라면으로 차린 미완성 식탁
끝나지 않은 역사

6월 민주항쟁 이후 달라진 것

국민이 뽑은 대통령

6월 민주항쟁 덕분에 자유의 폭이 크게 확대됐다. 보도 지침은 폭로 이듬해인 1987년 6월 민주항쟁의 도화선이 됐으며, 6월 민주항쟁 이후 공식적으로는 사라졌다. 출판·대중문화 등의 분야에서도 제한적인 검열만 이루어졌고, 미술계·연극계·음악계 등 예술 분야로도 자유의 바람이 불어왔다. 9월 5일 〈아침이슬〉 등 방송 금지곡 500곡이 금지에서 풀렸다. 10월 19일에는 출판·판매가 금지된 서적 650여 종 중 431종이 해금됐다.

6월 민주항쟁 이후 김대중을 비롯하여 많은 정치인이 사면·복권됐다. 1987년 12월 대통령 선거에서 많은 시민의 기대를 저버리고 김대중과 김영삼이 단일화에 실패해 독자 출마했다. 12월 대선은 지역주의 투표 성향이 두드러졌다. 호남은 김대중을, 영남은 김영삼을 밀어줬다. 분열의 결과, 고작 36.6퍼센트를 얻은 노태우가 어부지리로 승리를 거뒀다.[*] 야권 분열에 따른 대통령 당선이었다. 노태우가 대통령에 당선되면서 신군부의 집권은 연장됐다.

비록 대통령 선거에서는 전두환의 후계자인 노태우가 당선됐지만, 대선 이듬해인 1988년에 치러진 국회의원 선거에서는 집권당인 민정당이 참패해 여소야대 국회가 만들어졌다. 덕분에 '5·18 광주민주화운동 진상조사위원회'를 구성해 5·18 청문회를 열 수 있었다. 5·18 청문회는 5·18 진상 규명

---

[*]　노태우- 828만 2738표, 민주정의당 (36.6퍼센트)/ 김영삼- 633만 7581표, 통일민주당 (28.0퍼센트)/ 김대중- 611만 3375표, 평화민주당 (27.0퍼센트)

의 첫걸음이었다.

연인원 400만~500만 명 이상의 국민이 참여한 6월 민주
항쟁은 정치와 사회 각 분야에서 민주주의가 활짝 꽃필 수 있
는 토양이 됐고, 이후 자유와 민주주의의 큰길을 열었다. 정치
민주화를 시작으로 경제, 사회 등 다방면에서 민주화 요구가
빗발쳤다. 특히 노동계에서 민주화를 요구하는 목소리가 컸
다. 6월 민주항쟁은 노동, 교육, 환경 등 한국 사회의 제반 영
역에서 민주화 운동의 물꼬를 트는 계기가 됐다.

노동자 대투쟁

6월 민주항쟁의 의미는 단지 직선제 개헌에만 있는 건 아니었
다. 민주주의는 여러 얼굴을 지녔다. 어떤 사람에게는 대통령
을 자기 손으로 직접 뽑는 것이었으나, 다른 사람에게는 노조
를 만들고 노동자의 권리를 인정받는 것이었고, 또 다른 사람
에겐 언론의 자유를 누리는 것이었다. 시민이 직접 행동으로
얻어낸 승리의 경험은 시민 사회에 큰 자산이 됐다. 이후 사회
의 다양한 변화를 끌어내는 중요한 동력으로 작용했다. 무엇

보다도 6월 민주항쟁으로 얻어낸 '6·29 선언'은 노동자에게 7월부터 석 달간 이어진 투쟁의 공간을 열어주었다.

"근로기준법을 준수하라! 우리는 기계가 아니다!" 1970년 전태일이 목숨을 던지며 외쳤지만, 17년이 지났어도 노동자의 상황은 그다지 나아지지 않았다. 6월 민주항쟁에 직간접으로 참여한 노동자는 군대식 규율로 통제하던 공장을 민주적 일터로 바꿔 인간답게 일하고 살아보자고 목소리를 높였다. 1987년 현대중공업에 노조가 처음 생기고 회사에 제일 먼저 요구한 게 뭘까? 임금 인상 같은 게 아니라 '두발 자유'였다. 당시 현대중공업 정문에는 회사 관계자가 가위를 들고 장발한 노동자의 머리를 깎았다. 강제로 머리를 자르고 군인처럼 스포츠머리를 하도록 했다. 푸른 작업복을 입지 않은 노동자는 회사 정문을 통과할 수 없었다.

독재 정부의 억압이 완화되자 노동자는 7~9월 노동자 대투쟁을 통해 권리를 요구하고 나섰다. 당시 노동자는 기본권이 보장되지 않는 열악한 노동 환경에서 장시간 노동에 시달려야 했다. 노동자는 일터를 점거한 채 임금 인상, 인간적 대우, 노조 결성의 자유 등을 요구하며 농성 파업을 벌였다. 단순히 요구에서 그치지 않고 노조를 새로 만들거나 회사의 앞잡이에 불과한 어용 노조를 민주 노조로 탈바꿈했다.

노동자는 일터와 거리에서 노동자의 권리를 요구했다. 7월 5일 울산 현대엔진 노동자의 노조 결성 투쟁을 시작으로 전개된 노동자 대투쟁은 울산, 마산, 창원의 대기업 공장을 중심으로 활발히 벌어졌다. 파업 투쟁은 부산, 거제 등을 거쳐 수도권으로 번져갔다. 8월 말부터 공권력이 적극적으로 파업에 개입하면서 9월이 되자 투쟁 열기가 식기 시작했다. 하지만 제조업의 투쟁이 소강상태에 접어든 8월 말부터는 비제조업의 파업이 거세졌다. 운수, 광산, 판매, 서비스 직종에 종사하는 노

꼬두기

노동조합 조직률

노동자 대투쟁을 계기로 많은 노동조합이 새롭게 조직됐다. 1987년 한 해 동안 노동조합이 2675개에서 4103개로 늘어났다. 노동조합 조직률도 12.3퍼센트에서 13.8퍼센트로 높아졌다. 노동조합 조직률이란 노조에 가입한 전체 조합원 수를 노조 가입 자격이 있는 노동자 수로 나눈 수치다.

동자가 투쟁 대열에 동참했다.

전국 곳곳에서 많은 노동자가 파업과 노조 결성, 거리 시위 등에 나섰다. 1987년 노동자 대투쟁은 한국전쟁 이후 벌어진 노동계 투쟁 가운데 가장 큰 규모였다. 석 달도 안 돼 3500여 건에 달하는 쟁의(사용자와 근로자 사이에서 일어나는 분쟁)가 발생했다. 1000명 이상의 노동자를 거느린 대규모 사업장 중 75.5 퍼센트에서 쟁의가 발생했다. 122만 명에 달하는 노동자가 투쟁에 동참했다. 노동자의 요구가 봇물 터지듯 쏟아졌다. 1987년 미약하나마 노동관계법이 개정됐다.

시민 사회의 성장

6월 민주항쟁은 정치 활동의 자유를 확보하고 노동 운동을 활성화한 동시에 시민운동의 외연을 넓혔다. 정치적 민주화를 넘어 일상생활의 민주화를 추구했던 것이다. 6월 민주항쟁 이후 다양한 민중 운동과 시민운동 단체가 생겨났다.

6월 민주항쟁 이후 민주화 세력은 정당 혹은 제도권의 정치 활동에 집중한 세력, 민주화와 통일 운동을 중심으로 한 재야 세력, 다양한 분야의 활동을 전문화하려는 시민 세력으로 분화하는 과정을 거쳤다. 그 결과 노동 운동, 통일 운동 외에도 환경, 여성, 경제 정의 등으로 시민운동의 영역이 넓어졌다. 오늘날 1만여 개가 넘는 시민 단체가 결성되는 계기가 됐다. 경제정의실천시민연합, 환경운동연합, 참여연대 등을 시작으로 여러 시민 단체가 생겨났다.

언론기본법 폐지 등 언론계에도 민주화가 진전됐다. 언론기본법은 표현의 자유와 알 권리를 명분으로 제정됐지만, 실

파송송

6월 민주항쟁은 시민 항쟁

6월 민주항쟁은 흔히 '시민 항쟁'으로 평가받는다. 6월 민주항쟁은 1987년 이후 시민운동의 주체가 되는 '근대적 시민'이 탄생하는 과정이었으며, 실질적 '시민 사회'가 태동하는 과정이었다. 6월 민주항쟁을 거쳐 탄생한 시민과 시민 사회는 민주주의와 인권의 토대 위에서 직선제 개헌이라는 공동의 목표를 추구한 '계급 연합'의 성격을 가졌다. 즉 6월 민주항쟁의 승리는 계급을 뛰어넘어 모두가 하나로 똘똘 뭉친 결과였다.

제로는 언론을 통제하고 길들이는 악법이었다. 또한 교육계에도 민주화 바람이 불어 전국교직원노동조합의 전신인 민주교육실천협의회가 설립됐다. 중요한 시기마다 성명서를 발표하며 목소리를 높였던 대학교수들도 힘을 모아 '민주화를 위한 전국교수협의회'를 창립했다. 이후 진보적 학술 단체가 생겨났다.

6월 민주항쟁은 통일 운동과 남북 관계 개선에도 영향을 미쳤다. 문익환 목사와 임수경의 방북 사건(1989년) 등을 겪으며 1990년 남북 고위급 회담이 열리는 등 남북 관계가 일정 부분 개선됐다. 6월 민주항쟁은 해방 후 수구 냉전 세력이 지배한 사회를 자유와 통일, 민주주의의 길로 이끈 민주항쟁이었던 것이다. 6월 민주항쟁 이후 한국 사회의 전반적 분위기는 한결 자유롭고 부드러워졌다.

6월 민주항쟁과 촛불 시위

촛불처럼 타오르다

표현의 자유, 언론의 자유, 집회 및 결사의 자유는 거저 주어진 게 아니다. "민주주의는 피를 먹고 자란다"라는 경구가 있다. 민주주의가 흡혈귀도 아니고 피를 먹고 자란다니. 다소 잔인하게 들리지만, 그 경구는 진실에 가깝다. 민주주의를 억압하는 권력이 있다면 그에 맞서려는 시민도 있다. 민주주의를 쟁취하려면 물리적 충돌은 불가피하다. 1980년 광주에서 계엄군에 맞서 싸우다 죽은 사람들처럼 말이다. 그러니 민주주의라는 나무는 피를 먹고 자랄 수밖에 없다.

박종철과 이한열은 자유와 민주주의를 꿈꾼 평범한 대학생이었다. 평범했지만 시대의 모순을 외면할 수 없었던 순수한 청년이었다. 국민을 학살한 독재 권력에 대한 저항은 그들에게 역사적 소명이 아니었을까? 이한열은 맨 앞줄에서 전경과 대치하다 최루탄을 맞았다. 대열의 앞줄에 선다는 건 그만큼 위험을 감수해야 하는 일이다. 누구에겐가 앞줄이 되어주는 그런 마음으로 수많은 이한열이 피를 흘렸다.

광주의 진실을 알리기 위해 목숨을 던진 사람, 박종철처럼 고문을 받다 죽어간 사람, 이한열처럼 시위 현장에서 목숨을 잃은 사람의 희생이 있었다. 그들은 죽음으로 민주주의를 지켰다. 그들은 한 자루의 촛불이었다. 자기 몸을 태워서 민주주의의 길을 밝혔다. 그들의 희생 덕분에 우리는 자유롭게 살아갈 수 있다. 우리가 누리는 자유와 민주주의를 소중히 여기고 겸허한 자세로 대해야 하는 이유다.

촛불이 촛불에게

6월 민주항쟁 이후 한국의 민주주의는 깊어지고 넓어졌다. 6월 민주항쟁으로 탄생한 '87년 체제'는 오늘날까지 30년 넘게 이어지며 군부 독재의 겨울을 끝내고 자유와 민주주의를 꽃피웠다. 그 정점은 2016~2017년 촛불 시위가 아니었을까? 최대 참가 인원 230만 명, 연인원 1684만 명이 참가한 가히 혁명적인 시위였다. 5개월에 걸쳐 차디찬 도로 위에서 남녀노소 가리지 않고 민주주의를 부르짖었다.

1987년 6월에도 촛불이 있었다. 6월 15일 명동성당 농성이 마무리되고 시위대도 경찰도 모두 물러간 자리에서 '민주 정부 수립'을 위한 특별 미사가 진행됐다. 사제와 신도 그리고 학생 1만 8000여 명이 민주화를 꿈꾸며 함께 미사를 올리고 촛불을 들었다. 1만 8000여 개의 촛불이 성당 앞마당에서 명동 거리까지 넘실댔다. 그 촛불의 물결이 흐르고 흘러 30년의 세월을 건너서 2016~2017년 촛불 시위에까지 닿았다. 2016~2017년 대한민국에는 거대한 촛불의 물결이 일렁였다.

촛불 시위는 6월 민주항쟁처럼 반쪽짜리 성공으로 끝나지 않았다. 촛불을 든 시민이 헌법과 민주주의를 유린하고 국정을 어지럽힌 대통령을 주권자의 이름으로 탄핵했다. 시민의 손으로 권력자를 끌어내리고 정의의 심판대에 세운 것이다. 그 모든 것을 오로지 시민의 힘으로 이루었다. 6월 민주항쟁이 되살아나 주권자인 시민이 제 손으로 권력을 교체한 '시민혁명'이었다. 그래서 어떤 이들은 촛불 시위를 '촛불 혁명'이라고 한다. 촛불을 든 보통 시민이 만든 역사였다.

1984년부터 1987년까지 시위 참여 세력의 구성을 보면 대학생이 84.43퍼센트로 절대적이었다. 일반 시민(고등학생 이하 포함)은 10.33퍼센트였다. 하지만 촛불 시위 때는 일반 시민이 대다수를 차지했다. 촛불 시위에서 빼놓을 수 없는 또 하나는 비폭력이다. 시민은 주먹을 불끈 쥐었지만 벽돌과 화염병은 던지지 않았다.* 벽돌 대신 스마트폰을 손에 쥐고 자유롭게 소통했다. 이름 없는 들풀과 야생화가 들판을 수놓듯이 이름 없는 사람들이 민주주의의 텃밭을 일구었다. 한 명 한 명이 벽돌이 되어 민주주의의 견고한 장벽을 쌓아올렸다.

촛불의 지붕 아래 6월 민주항쟁 이후 성장한 민중 운동, 노동 운동, 시민운동을 대표하는 단체가 대부분 모였다. '시민사회단체연대회의'와 '민중총궐기투쟁본부'가 결합한 '박근혜정권퇴진비상국민행동(이하 '퇴진행동')'이 그 상징이었다. 촛불 항쟁에 시민 부문과 함께 민중 부문의 조직적 참여가 이루어졌다는 점은 중산층 시민이 주도하고 노동자 민중은 개별적 참여에 머물렀던 6월 민주항쟁보다 참여 주체의 폭이 넓어졌음을 의미한다.

퇴진행동이 전면에 나서긴 했지만, 퇴진행동은 지도부라기

계란탁

정당한 폭력도 있다

그렇다고 벽돌과 화염병이 난무한 6월 민주항쟁이 문제라는 건 아니다. 6월 민주항쟁에서 투석전은 다반사였고, 파출소 점거, 경찰 버스 방화, 경찰서 방화, 보도용 차량 방화, 방송국에 대한 화염병 투척 등도 심심치 않게 벌어졌다. 전두환 정부가 시위대를 향해 최루탄을 난사하는 등 폭력 진압을 고수하면서 이에 대항할 자구적 수단이 필요했다. 즉 6월 민주항쟁에서 채택된 폭력은 방어적 '대항 폭력'에 가까웠다.

보다는 봉사부에 가까웠다. 6월 민주항쟁에서 국본은 전체 항쟁을 이끌었지만, 촛불 시위에서 퇴진행동은 보조적 역할을 했다. 퇴진행동의 결성도 미리 계획된 게 아니었다. 시민이 나서서 촛불 집회를 먼저 시작했고, 이후 퇴진행동이 시민의 요구를 받아 안는 형태로 결성됐다. 시민이 자발적으로 시작한 1, 2차 촛불 집회에 예상을 뛰어넘는 시민이 참여했다. 퇴진행동은 4차 촛불 집회부터 집회를 주관했다.

퇴진행동은 그저 시민이 말하고 행동할 수 있도록 거들었을 뿐이다. 시민이 주체였고 시민이 목소리였다. 특정한 깃발 아래 모인 대학생, 노동자 등은 드물었다. 시민은 개인으로 모였다. 기껏해야 가족 단위가 전부였다. 정당도 없었다. 더불어민주당을 비롯한 야당 의원이 일부 참여하긴 했지만, 주체는 아니었다.

광장에서 일상으로

"네 이름을 남몰래 쓴다/ 타는 목마름으로/ 타는 목마름으로/ 민주주의여 만세", 시인 김지하는 〈타는 목마름으로〉에서 독재의 시대를 그렇게 묘사했다. 민주주의를 남몰래 쓰는 시대는 지나갔다. 그러나 우리의 민주주의는 견고할까? 군부가 정권을 빼앗을 일은 없겠지만, 우리 삶 곳곳에 민주주의가 뿌리내렸는지는 잘 모르겠다.

노예로 팔려가던 아프리카인이 1839년 아미스타호에서 선상 반란을 일으켜 배를 차지했다. 그런데 아프리카인은 배를 운항할 줄 몰랐다. 결국 백인 선원에게 키를 다시 맡겼더니 그들이 도착한 곳은 노예제가 있는 미국이었다. 프랑스 사상가 루소는 인민은 투표할 때만 자유롭고 투표가 끝나면 다시 노예가 된다고 했다. 선거 때만 반짝하는 민주주의는 곤란하다.

미국의 시사 주간지 《타임》이 선정한 올해의 인물이 유명 인사가 아닌 평범한 사람을 뜻하는 '당신(YOU)'이었던 적이 있다. 민주주의를 지키는 힘 역시 '당신'에게 있을 것이다. 주인으로 살기 위해서는 늘 깨어서 참여해야 한다. 민주주의가 위기에 처한 순간마다 늘 광장의 목소리가 있었다. 앞으로도 민주주의가 위기를 맞을 때마다 촛불은 계속 불타올라야 한다. 늘 관심을 갖고 참여해야 한다는 뜻이다.

또한 거리에서 민주주의를 외치는 것도 중요하지만, 그게 끝은 아니다. 촛불 집회를 통해 원하는 정책이 시행되고 정권이 바뀌더라도 그것만으로 민주주의가 완성되진 않는다. 촛불은 어둠을 전부 지우지 못한다. 시인 윤동주가 썼듯 "등불을 밝혀 어둠을 조금 내몰고/ 시대처럼 올 아침을 기다"(〈쉽게 씌어진 시〉)리려면 어떻게 해야 할까? 촛불 시위의 에너지가 시민의 삶 속으로 스며들고 체화되어야 세상은 바뀔 수 있다.

정치적 민주주의 못지않게 일상의 민주주의가 중요하다. 과거의 시위와 항쟁이 반쪽짜리 성공에 머문 것은 시위와 항쟁의 열정이 일상의 변화로 이어지지 못했기 때문이다. 정치인에게 정치를 맡기는 유권자를 넘어서 일상의 민주주의를 일구는 창조자가 되어야 한다. 새로운 개념과 질서를 만드는 창조자 말이다. 더 나은 세상을 위한 싸움은 이제 겨우 시작일 뿐이다.

참고 문헌

단행본

6월민주항쟁 10주년사업 범국민추진위원회,《6월 항쟁 10주년 기념 자료집》, 사계절, 1997

6월민주항쟁계승사업회·민주화운동기념사업회,《6월 항쟁을 기록하다 1~4》, 6월민주항쟁계승사업회, 2007

강신철 외,《80년대 학생운동사》, 형성사, 1988

강원택 외,《한국의 민주화와 민주화추진협의회》, 오름, 2015

강준만,《한국 현대사 산책 1980년대편 3권》, 인물과사상사, 2009

김동철 외,《최근 한국 현대사》, 책갈피, 2020

김석 외,《학생 운동, 1980》, 오월의봄, 2016

김원,《87년 6월 항쟁》, 책세상, 2009

김윤영,《박종철 유월의 전설》, 민주화운동기념사업회, 2006

김정남,《진실 광장에 서다-민주화 운동 30년의 역정》, 창작과비평, 2005

김정인 외,《간첩 시대》, 책과함께, 2020

김종엽,《87년 체제론》, 창비, 2009

김주언,《한국의 언론 통제》, 리북, 2009

김창록 외,《대한민국 인권 근현대사 2-국가 폭력을 넘어, 자유와 평화를 향하여》, 국가인권위원회, 2019

김철원,《그들의 광주-광주항쟁과 유월항쟁을 잇다》, 한울, 2017

돈 오버도퍼 외 지음, 이종길 옮김,《두 개의 한국》, 길산, 2014

민주언론시민연합,《보도지침-1986 그리고 2016》, 두레, 2017

민주화운동기념사업회 연구소 편, 《한국 민주화 운동사 연표》, 민주화운동기념사업회, 2006

민주화운동기념사업회 한국민주주의연구소 편, 《한국 민주화 운동사 3》, 돌베개, 2010

백원담 외, 《1980년대 민주화운동관련 사건·단체 사전 편찬을 위한 기초조사 연구 사업: 최종 보고서, 1980년대 단체편》, 민주화운동기념사업회, 2003

백원담 외, 《1980년대 민주화운동관련 사건·단체 사전 편찬을 위한 기초조사 연구 사업: 최종 보고서, 1980년대 사건편》, 민주화운동기념사업회, 2003

박현채 외, 《청년을 위한 한국 현대사》, 소나무, 1992

서윤영, 《10대와 통하는 건축으로 살펴본 한국 현대사》, 철수와영희, 2019

서중석 외, 《6월 민주항쟁-전개와 의의》, 한울, 2017

서중석, 《6월 항쟁》, 돌베개, 2011

서중석, 《사진과 그림으로 보는 한국 현대사》, 웅진지식하우스, 2020

서중석, 《한국 현대사 60년》, 역사비평사, 2007

서중석·김덕련, 《서중석의 현대사 이야기 18-6월항쟁의 배경, 개헌 투쟁과 전두환의 반격》, 오월의봄, 2020

서중석·김덕련, 《서중석의 현대사 이야기 19-6월항쟁의 전개, 현대사를 바꾼 최대 동시다발 시위》, 오월의봄, 2020

성유보 외, 《6월 항쟁과 국본》, 민주화운동기념사업회, 2017

신성호, 《특종 1987》, 중앙북스, 2017

역사학연구소, 《함께 보는 한국 근현대사》, 서해문집, 2004

유시민, 《나의 한국현대사 1959-2020》, 돌베개, 2021

유시춘, 《6월 민주항쟁》, 민주화운동기념사업회, 2015

이삼성, 《미국의 대한정책과 한국의 민족주의-광주항쟁·민족통일·한미관계》, 한길사, 1993

이원보, 《한국노동운동사-100년의 기록》, 한국노동사회연구소, 2013

이호룡 외, 《학생 운동의 시대》, 선인, 2013

장석준, 《우리가 몰랐던 현대사》, 노란상상, 2018

정해구 외, 《6월 항쟁과 한국의 민주주의》, 민주화운동기념사업회, 2004

정해구, 《전두환과 80년대 민주화 운동》, 역사비평사, 2011

조왕호 외, 《청소년을 위한 한국 근현대사》, 두리미디어, 2006

최태성, 《역사 멘토 최태성의 한국사 근현대편》, 들녘, 2018

학술단체협의회 편, 《6월 민주항쟁과 한국사회 10년 1》, 당대, 1997

한국일보 정치부, 《빼앗긴 서울의 봄》, 한국일보사, 1994

한홍구, 《대한민국사 1》, 한겨레신문사, 2003

함규진, 《왜 6월 민주 항쟁이 일어났을까》, 자음과모음, 2013

홍석률, 《민주주의 잔혹사》, 창비, 2017

논문 및 보고서

6·10민주항쟁 30주년 기념 학술토론회, 〈6월 항쟁, 촛불혁명, 한국 민주주의〉, 2017

김동철, 〈1987년 6월 항쟁 30주년-무엇을 계승할 것인가?〉, 《마르크스21》, 2017

김용철, 〈한국의 민주화 운동과 민주화〉, 《민주주의와 인권》, 2015

김종훈 외, 〈중·고등학교 역사교과서의 민주화운동 관련 부분 서술 분석〉, 2003

박원곤, 〈5·18 광주민주화항쟁과 미국의 대응〉, 《한국정치학회보》, 2011

박준성, 〈1987년 6월 항쟁은 무엇이었나?〉, 《내일을 여는 역사》, 2016

박현채, 〈80년대 민족민주운동에서 5·18광주민중항쟁의 의의와 역할〉, 《역사와 현장 1》, 남풍, 1990

이한열, 〈1987년 분단 42년 피맺힌 2월〉, 《이한열 추모문집: 이한열, 유월 하늘의 함성이여》, 학민사, 1989

정영태, 〈1987년 민주화와 미국의 역할〉, 2006

정일준, 〈전두환·노태우 정권과 한미관계-광주항쟁에서 6월항쟁을 거쳐 6공화국 등장까지〉, 《역사비평》, 2010

조대엽, 〈1980년대 학생 운동의 이념과 민주화 운동의 급진적 확산〉, 《한국과 국제정치》, 2005

참여연대, 〈형제복지원 학술대회 자료집〉, 2013

최종숙, 〈민주화 이후 과거청산과 소수자 인권운동-형제복지원사건을 중심으로〉, 《민주화운동기념사업회 연구소 연구보고서》, 2018

한국민주주의연구소, 〈1980년대 개헌 운동과 6·10 민주항쟁〉, 《민주화운동기념사업회 연구소 연구보고서》, 2016

홍석률, 〈최루탄과 화염병, 1980년대 학생 운동〉, 《내일을 여는 역사》, 2007

홍성태, 〈한국의 저항주기 궤적과 역사적 사회운동의 형성-저항 사건 분석(1960~1987)〉, 《기억과 전망》, 2016

홍오한, 〈중학교 역사 '6월 민주 항쟁' 수업 방안〉, 이화여자대학교 교육대학원, 2018

6월 민주항쟁 연표

기		
1979년	10월 26일	박정희 대통령 피살(10·26 사태)
	10월 27일	제주도를 제외한 전국에 비상 계엄령 선포
	12월 12일	12·12 군사반란
1980년	2월 7일	계엄사, 언론 검열 지침 발표
	4월 9일	청계피복노조 소속 노동자 160여 명, 임금 인상 및 노동 3권 요구하며 철야 농성
	4월 21일	강원대 사북읍 동원탄좌 소속 광부 7백여 명, 임금 인상 문제로 농성 중 경찰과 충돌하며 유혈 사태 발생(사북 사태)
	5월 13일	서울 6개 대학생 2천여 명, 광화문에서 계엄 철폐 외치며 야간 시위
	5월 14일	전국 27개 대학 총학생회장단, '시국에 관한 합의문' 발표 서울 시내 21개 대학과 지방 11개 대학생 10만 명, 계엄 철폐를 요구하며 가두시위
	5월 15일	서울 30개 대학 10여만 명, 서울역 광장에 모여 계엄 해제 요구 야간 시위
	5월 16일	전국 총학생회장단, 가두시위 일단 중단하기로 결의

5월 17일	비상 계엄령 전국으로 확대, 18일 0시를 기해 국가원수 비방 금지, 정치 활동 중지, 대학 휴교 등 계엄 포고령 10호 발표 계엄사, 내란 음모 혐의로 김대중 등 33명 구속 전국대학총학생회장단 전부 검거
5월 18일	5·18 시작
5월 20일	계엄 사령관, 담화문 발표. 광주 지역의 상황을 난동으로 규정
5월 23일	워컴 한미 연합군 사령관, 연합사 소속 병력의 시위 진압 동원에 동의
5월 27일	계엄군, 광주 진압
5월 31일	대통령 자문 기구로 국가보위비상대책위원회(국보위)를 신설하고 상임위원장에 전두환 중앙정보부장 임명
6월 9일	국보위, 악서 유언비어 유포 혐의로 언론인들 구속
7월 9일	국보위, 사회 정화 일환으로 고위 공무원 232명 숙청
7월 15일	국보위, 3급 이하 공무원 4760명 숙청
7월 22일	정부, 127개 산하 기관의 임직원 1819명 숙청
7월 30일	교육개혁조치 단행, 1천여 명의 학생을 제적하고 수백 명의 교수를 해직
7월 31일	문공부, 주간지 15, 월간지 104, 격월간지 13, 계간지 16, 연간지 24종 등 모두 172종의 정기 간행물에 대해 등록 취소. 전국 언론기관에서 해직당한 언론인 715명
8월 4일	국보위, '사회악 일소를 위한 특별조치' 발표

8월 16일	최규하 대통령 사임
8월 21일	전국 주요 지휘관 회의에서 전두환을 국가 원수로 추대하기로 결의
8월 27일	통일주체국민회의, 전두환을 제11대 대통령으로 선출
9월 17일	육본 계엄보통군법회의, 내란 음모죄로 기소된 김대중에게 사형 선고
9월 25일	국회와 정당 해산, 정치인 규제 등의 특별법 제정
9월 29일	전두환, 간접 선거·대통령 7년 단임 등을 골자로 하는 헌법 개정안 발의 공고
10월 13일	국보위, 사회악 사범 4만 6천여 명을 검거해서 2천여 명 재판에 회부하고 나머지는 삼청 교육을 실시했다고 발표
10월 22일	국민 투표에서 투표율 95.5%, 찬성 91.6%로 제5공화국 헌법 확정
10월 27일	정부가 제5공화국 헌법을 공포함으로써 국회, 정당 자동 해산. 국보위가 국회를 대신하는 국가보위입법회의법 의결
11월 5일	국가보위입법회의, '정치풍토 쇄신을 위한 특별 조치법' 제정
11월 12일	정치풍토쇄신위, 정치 활동 규제 대상자 811명(국회의원 210명, 정당 간부 254명 등) 발표
11월 15일	정부, 언론 통폐합 발표
11월 22일	286명에 대한 정치 활동 규제 해제
12월 5일	정치풍토쇄신위, 567명의 정치 피규제자 발표 후 해체

	12월 9일	광주 미문화원 방화 사건
1981년	1월 15일	민주정의당 창당. 전두환 대통령을 초대 총재로 선출하고 제12대 대통령 후보로 지명
	1월 23일	대법원, 김대중 사건 관련 피고인 12명에 대해 상고 기각. 사형 등 원심 판결 확정
	1월 24일	1979년 10월 27일 선포한 비상 계엄령 전면 해제
	2월 25일	대통령 선거인단 재적인원 5278명 중 4755표를 얻어 전두환이 제12대 대통령에 당선
	3월 3일	전두환 12대 대통령 취임, 제5공화국 출범. 정부, 5공화국 출범 특사로 광주, 부마 사태 및 민청학련 관련자 등 5221명을 사면·복권·감형 조치
	3월 19일	서울대생 3백여 명, '반파쇼민주화투쟁선언'이라는 유인물 살포하며 교내 시위
	3월 31일	국가보위입법회의 활동 종결, 해산
	7월 7일	부림 사건 발생
	7월 23일	전국민주학생연맹·전국민주노동연맹 사건 발생
1982년	1월 5일	통행 금지 해제
	2월 22일	서울대, 1982년 2학기부터 이념 교육 실시 결정

승

	3월 18일	부산 미문화원 방화 사건
	4월 5일	문교부, 좌경 이데올로기 비판 교육을 고교 교과에 포함하기로 결정

	4월 22일	강원대생 100여 명, 성조기 태우며 반미 시위
	5월 19일	5·18 대책위원회 발족, 구속자 석방 요구
	11월 3일	학생의 날 기념식을 맞아 서울 각 대학에서 가두시위
1983년	2월 25일	정부, 정치 활동 피규제자 555명 중 250명 해제(1차 해금)
	5월 18일	김영삼 전 신민당 총재, 민주화와 정치 활동 피규제자 해금 등을 주장하며 단식 시작
	5월 31일	함석헌·문익환·이문영·홍남순·예춘호, '긴급민주선언' 발표 단식 시작
	8월 27일	야학과 관련된 대학생·노동자 5백여 명, 경찰에 강제 연행돼 조사받음
	9월 30일	'민주화운동전국청년연합회(민청련)' 결성
	12월 20일	'해직교수협의회' 발족
	12월 21일	정부, 국민 화합 명분으로 학원 사태 관련 제적생 1367명 복교 허용
1984년	2월 25일	정치 활동 피규제자 301명 중 202명 추가 해금(2차 해금)
	3월 2일	정부, 3·1절 특사로 학원 사태 관련 학생 161명 형집행정지 또는 특별 가석방
	3월 9일	서울대 등 6개 대학, 제적학생총회를 열고 각 대학별로 학원자율화추진위 구성
	3월 24일	80년 해직언론인협의회 결성
	4월 4일	서울 대학생 1천여 명, 강제징집 후 숨진 대학생 추도식 갖고 시위
	4월 13일	전국 55개 대학, 학원민주화 요구하며 시위 농성
	5월 4일	고려대에서 6개 대학생 5천여 명, 강제징집 철폐 등을 주장하며 반정부 시위

	5월 17일	서울 17개 대학 등 전국 26개 대학, 5·18 4주기 관련 시위
	5월 18일	'민주화추진협의회(민추협)' 발족
	6월 29일	청년·노동자·농민·재야·종교운동 등 각 부분 운동 결집체로 민중민주운동협의회 발족
	9월 15일	함평·무안 농민대회 개최
	9월 28일	서울대생 350명, 학원프락치 사건과 관련해서 민한당사에서 학원 사찰 중지 요구 농성
	10월 16일	민주통일국민회의 결성
	11월 3일	42개 대학생, 연세대에서 반독재 민주화 투쟁 전국학생연합 결성
	11월 30일	정치 활동 피규제자 99명 중 84명 해제(3차 해금)
1985년	2월 12일	제12대 국회의원 총선거, 신한민주당(신민당) 제1야당으로 부상
	3월 6일	정부, 정치 규제 전면 해금 조치. 김대중, 김영삼 등 미해금자 14명
	3월 18일	김대중, 민주화추진협의회 공동의장직 취임
	4월 12일	학생·노동자 2천여 명, 신당동 일대에서 청계피복노조 합법화·노동 3권 보장 등 요구 시위
	4월 17일	전국 23개 대학생 1천 2백여 명, 고려대에서 '전국학생총연합회(전학련)' 결성
	4월 19일	전국 56개 대학 2만 6천여 명, 대학별로 4·19 기념행사 후 시위
	5월 17일	전국 80여 개 대학 3만 8천여 명, 광주 진상 규명 요구하며 시위
	5월 23일	서울대·연세대 등 5개 대학생 73명, 서울 미문화원 점거하고 광주 항쟁에 관한 미국의 사과를 요구하며 단식 농성

	6월 7일	전학련, 서울대에서 8천여 명이 참가한 가운데 '광주 항쟁 및 군부 독재에 대한 범국민 자유토론회' 개최
	9월 24일	서울 6개 대학생 2천여 명, 연세대에서 전학련 복구대회 및 민중민주주의를 위한 '삼민투쟁위' 결성식
	10월 17일	문익환 목사 등 재야인사 60여 명, '민주화운동에 대한 고문수사 및 용공조작 공동대책위원회' 구성
	11월 21일	서울 10개 대학생 2천여 명, 서울대에서 '독재 종식과 제5공화국 헌법 철폐를 위한 범국민토론회' 개최
	12월 4일	민추협, 개헌 추진 운동의 일환으로 1000만 명 서명 운동을 벌이기로 결정
1986년	2월 12일	신민당과 민추협, 1000만 개헌 서명 운동 시작
	3월 1일	천주교 서울대교구, 125개 성당서 '정의와 평화를 간구하는 시국 기도회' 개최
	3월 28일	고려대 교수 28명, 시국 선언문 발표
	4월 2일	한신대 교수 42명, 개헌 촉구 시국 성명서 발표
	4월 28일	서울대생 김세진·이재호, 전방부대 입소 거부 시위 도중 반전반핵 외치며 분신 자살
	4월 29일	전국 30개 대학생 1천여 명, 연세대에서 '전국반제반파쇼 민족민주투쟁학생연합(전민학련)' 결성
	5월 3일	학생·노동자 등 5천여 명, 신민당 개헌추진위 인천지부 결성대회에서 경찰과 충돌
	5월 21일	서울대·고려대생 21명, 부산 미문화원 점거
	6월 2일	전국 23개 대학교수 265명, 정치·경제·사회·대학 등 4대 항목에 대해 시국 선언문 발표
	7월 2일	부천에서 성고문 사건 알려짐. 인천 지역 구속자 가족 30여 명 문귀동 형사의 성고문에 항의 농성

	8월 12일	분신·투신 자살 노동자 유가족, 민주화운동유가족협의회 결성
	8월 14일	신민당과 재야 34개 단체, '고문·성고문 용공조작 범국민폭로대회' 개최
	10월 28일	25개 대학생 2천여 명, 건국대에서 '전국반외세반독재애국학생투쟁연합(애학투련)' 발대식 후 시위 중 경찰에 밀려 철야 농성(건대 사태)
	10월 31일	경찰, 전경 8천여 명 투입. 건대 농성 학생 1525명 전원 연행
	11월 12일	경찰, 민통련 사무실 폐쇄
	11월 24일	민추협·신민당·민통련 등 재야 단체 40여 명, '국민에게 드리는 글' 발표

전	

1987년	1월 14일	오전 11시 20분경 남영동 치안본부 대공수사 2단에서 조사를 받던 박종철 사망
	1월 15일	치안본부, 단순 쇼크사로 사인 발표
	1월 19일	치안본부, 물고문 사실을 공식 시인
	1월 23일	전국 17개 대학생 1천여 명 교내에서 박종철 군 추모제를 지낸 후 가두시위
	2월 2일	경찰, 2월 7일 명동 성당에서 열릴 '박종철 군 범국민 추도식'을 불법이라 규정, 원천 봉쇄하기로 결정
	2월 7일	전국 주요 도시에서 대규모 시위. 경찰, 798명 연행
	3월 3일	'박종철 군 49제와 고문추방 국민대행진'이 경찰의 원천 봉쇄로 저지되자, 전국 각지에서 대규모 거리 시위
	4월 13일	전두환 대통령, 특별 담화를 통해 '개헌 논의 유보' 발표

5월 12일	미국 상원 외교위원회, 4·13 조치 재고를 촉구하는 '대한 결의안' 통과
5월 15일	치안본부, 전국 경찰에 갑호비상령 발동
5월 18일	명동 성당에서 '5·18 광주항쟁 희생자 추모 미사' 후 정의구현사제단 명의로 박종철 군 고문치사사건의 진상이 조작됐다는 성명 발표 5·18 7주기를 맞아 전국에서 62개 대학생 2만 2천여 명이 추모 행사 후 교내외에서 시위
5월 20일	천주교정의구현전국사제단, '박종철 고문치사사건이 축소·조작되었으며, 진범이 따로 있다'는 내용의 성명 발표 야당과 재야 세력, 종교 단체 대표들, '민주헌법쟁취국민운동본부(국본)' 결성을 비밀리에 합의
5월 21일	검찰, 박종철 고문치사사건 은폐 조작을 인정
5월 23일	재야인사 등 134명, 기독교회관에서 '박종철 고문살인은폐조작규탄 범국민대회 준비위원회' 결성
5월 26일	고문치사사건에 대한 문책 인사 단행, 총리·부총리·내무·재무·법무·법제처·안기부장·검찰총장 등을 개각
5월 27일	민주당·종교계·재야단체 등 발기인 2191명, '민주헌법쟁취국민운동본부' 발대식 거행
6월 6일	전국 경찰에 9~11일 갑호비상령 발동
6월 9일	경찰 6만여 명 투입, 6·10 대회장인 성공회 원천 봉쇄 연세대생 이한열 군, 학교 앞 시위 중 최루탄에 피격

6월 10일	경찰의 원천 봉쇄에도 불구하고 전국 24개 지역 50여만 명이 가두시위에 참여
6월 11일	서울·부산·대전 등 전국 대도시 시위 지속
6월 12일	명동 성당에서 3일째 철야 농성. 명동 성당 주변에서 회사원·시민 등 1천여 명이 '호헌철폐'를 외치며 시위
6월 15일	전국 59개 대학 9만여 명 시위 격렬 시위 정의구현전국사제단, '나라의 민주화를 위한 특별 미사'
6월 16일	국본, 6월 18일을 '최루탄 추방의 날'로 결정하고 행동 지침 발표 미 국무성, "한국 사태가 대화를 통해 해결되길 바란다."라고 발표
6월 18일	'최루탄 추방대회' 개최, 전국 150만 명 참가
6월 19일	릴리 주한 미국 대사, 전두환 대통령 면담 군을 동원한 시위 진압 계획 중단
6월 26일	'민주헌법쟁취 국민평화대행진' 개최, 전국 180만 명 참가

결

6월 29일	노태우 민정당 대표, 직선제 개헌 등을 담은 특별 선언 발표(6·29 선언)
7월 1일	전두환 대통령, '시국수습에 관한 특별 담화'를 발표하며 6·29 선언 8개 항을 모두 수용
7월 5일	울산 현대엔진 노동조합 결성
7월 9일	고 이한열 열사 영결식, 시민·학생 20여만 명, 서울시청 앞 운집. 서울 100만 명, 광주 50만 명 등 전국적으로 160여만 명 추모

	7월 10일	정부, 김대중 등 2335명 사면·복권, 357명 석방, 270명 수배 해제
	10월 27일	국민 투표에서 93.1%로 개헌 확정
	12월 16일	노태우 제13대 대통령 당선
2002	11~12월	미군 장갑차 여중생 사망 추모 촛불집회
2004	3~4월	노무현 대통령 탄핵 소추안 통과 반대 촛불집회
2008	5월	미국 광우병 수입 협상 반대 촛불집회
2009	2월	용산 참사 추모 촛불문화제
2016~2017		박근혜 대통령 퇴진 촛불집회